# Autoria Crítica

Conversas sobre a posição do autor no campo ampliado da arquitetura



EDITORA

# Autoria Crítica

## Conversas sobre a posição do autor no campo ampliado da arquitetura

Organização
Daniel Milagres, Laura Rosenbusch e Manuela Müller

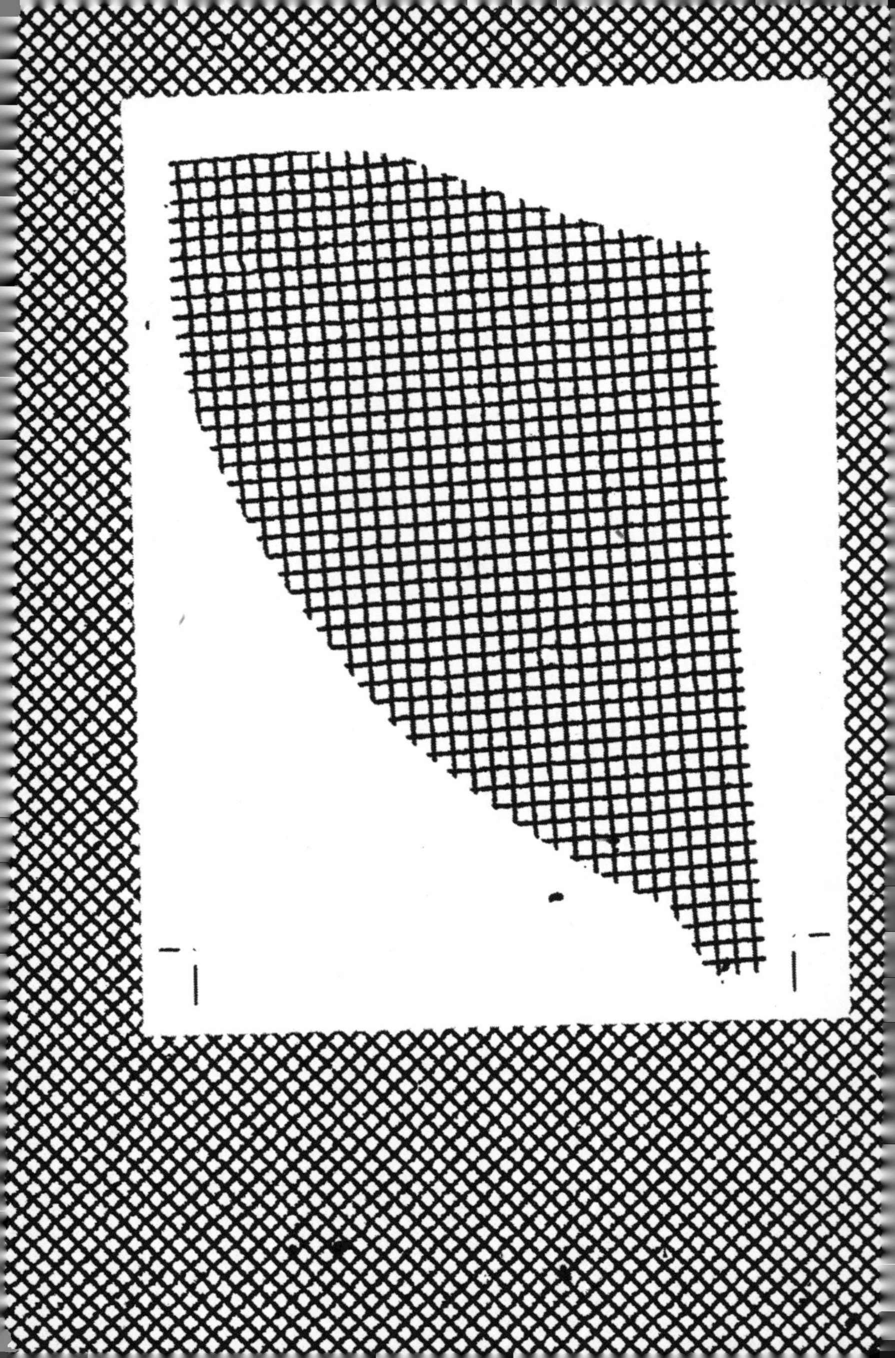

# Apresentação

Ao reconhecermos alguns *futuros em germe*, como nos diz Suely Rolnik, no cruzamento intensivo de ideias entre nós, um processo de troca cotidiana se desenvolveu, envolveu pessoas de campos de atuação diversos e passou por lugares e experiências urbanas distintas. Processo que, finalmente, nos guiou até aqui: pensar as práticas no campo da arquitetura através do tema da autoria. Esse ciclo de conversas partilha de um platô comum, a possibilidade de reconhecer a disciplina da arquitetura a partir da noção de "campo ampliado", como Anthony Vidler nos provoca a pensar. A natureza transdisciplinar das relações que foram construídas ao longo deste livro anuncia a constante dobra entre a prática da arquitetura e outras áreas do saber. Aderir a este campo movente, de bordas indefinidas, tem sido um passo relevante para a contínua construção de ideias mais próximas da complexidade que se apresenta nos espaços e fazeres contemporâneos.

Nossas inquietações acerca dessa temática se iniciaram quando reconhecemos em práticas artísticas e arquitetônicas dois aspectos: o esgotamento de um modo "moderno" de pensar, apreender, compreender e produzir o espaço contemporâneo (que conserva práticas marcadas por ideias de dominação do espaço pela arquitetura, sustentando autores e autoras, cada dia mais, nomeados e individualizados em seus campos de atuação); e a complexidade que se apresenta na era digital e em práticas que buscam a emancipação do pensamento e do fazer por meio de forças de produção coletivas que, de algum modo, dissolvem a centralidade da autoria.

O fortalecimento das dicotomias — indivíduo-coletivo, autoria-anonimato —, tão presentes na hegemonia das práticas arquitetônicas, nos levou a um posicionamento crítico a respeito da composição de forças que nos conduziu, até hoje, a mantê-las. Um campo de possibilidades de compreensão sobre autores e autoras têm se mostrado em deslocamento por diversos caminhos que se desviam dessas oposições na busca por um debate mais responsável com a complexidade do vivido hoje. Assim, no esforço de refletir acerca de tal complexidade e, com isto, de convocar a dimensão política da discussão sobre o próprio fazer, nos direcionamos para a necessidade de insistir em reflexões sobre a *posição* dos autores e autoras, ou antes, sobre a questão da posição.

Compreender que o autor-arquiteto-escritor-artista toma posição é importante para o enfrentamento aos ataques que a sociedade brasileira sofre, histórica e cotidianamente, à liberdade e aos direitos humanos. Poder tomar posição é fazer política. Como nos sugere Georges Didi-Huberman, através do exercício dialético de montagem (montar-desmontar-remontar), podemos abrir intervalos onde criamos possibilidades para a tomada de posições críticas diante de nosso contexto. Aqui nos propomos a fazer este exercício: dispor leituras distintas sobre múltiplos autores e modos de conceber e compreender seus fazeres e, finalmente, sobre as diversas noções de autoria que surgem entre nós.

Com a oportunidade de diálogo aberta na montagem deste livro, lançamos uma pedra, miúda e energizada, neste lago movente — "o campo ampliado da arquitetura" —, com o intuito de forjar ondas ainda desconhecidas através das ideias e pessoas que reúne. Ondas que podem ser meios de reconhecimento de posições inauditas, bem como podem construir oportunidades para ouvi-las, conhecê-las e acolhê-las como repertório relevante de modos de pensar espaços no contemporâneo.

Este grupo de pensadoras e pensadores pujantes no contexto brasileiro traz reflexões que possibilitam ampliar visões limitadoras que temos sobre o autor "gênio", icônico, espetacular, tão fortalecido nas culturas arquitetônicas e artísticas ocidentais. Além disso, tensionam a sua morte, como enunciada por Rolland Barthes, traduzida por nós numa espécie de "ode" à coletivização da produção e à dissolução da autoria quando nascem os leitores, usuários e todos aqueles que, insistentemente, atualizam as obras e os projetos construídos.

Para além de pensar a crítica a esses tipos de autoria, os textos aqui conjugados trazem reflexões acerca do que se pode compreender como uma *autoria crítica*: aquela que, em si, é palimpsesto. Tensiona, apaga, remarca, inscreve, embaça os limites do próprio fazer, das palavras que o definem e das coisas que são produzidas com e por ele.

Nesse sentido, os textos foram organizados a partir do reconhecimento de três momentos de discussão. O primeiro circula na condição de movimento entre arte, arquitetura e paisagem, onde podemos reconhecer algumas abordagens em que as práticas desses campos disciplinares são dobradas entre si, possibilitando a abertura de um caminho do meio rico e complexo de teorização e crítica.

Abrindo o debate, Guilherme Wisnik, no texto "Redemoinho-Subjetividade: novas nebulosidades", apresenta sua interpretação do espírito de nosso tempo: estamos imersos em um espaço enevoado, que nos impõe a incerteza do próximo passo, assim como, contraditoriamente, lidamos com a "excessiva nitidez com que o mundo se apresenta à nossa percepção". O texto busca criar uma narrativa que parta desta ambiguidade presente no contemporâneo e em suas diversas formas de arte e arquitetura e, para isso, se utiliza de imagens paradoxais como a da *Transparência Ambígua* e a da *Irrealidade Verossímil*. Tal indeterminação reflete-se na noção de autoria, que se apresenta, hoje, sem contornos definidos. A desconstrução da figura do autor é atualmente radicalizada: a crítica à subjetividade autoral presente nos escritos pós-estruturalistas "deu lugar à pirataria, às autorias abertas do

*Creative Commons*, e ao sampleamento de motivos originais como forma de apropriação e recriação".

Esta disseminação da ideia de apropriação na arte é, sem dúvida, devedora do questionamento da figura do autor feito no âmbito da arte pelo *Readymade* de Marcel Duchamp. O texto de Ronaldo Brito, "Readymade-Ação: desdobramentos críticos", trata das diferentes interpretações acerca dessa ação duchampiana e das possíveis reverberações em outros movimentos e práticas no campo da arte. Ronaldo argumenta que, além de confundir a categoria de objetos utilitários (não autorais) e objetos artísticos (autorais), o *Readymade* "é um gesto desencantado sim, mas guarda, protege e afirma o sentido íntimo (e público) do Ato poético [decididamente autoral]". Deste modo, o *Readymade* coloca em discussão a dimensão autoral, pública e poética do fazer artístico, debate que permanece vivo na atualidade.

O gesto de Duchamp dirigido a um objeto comum — o mictório — marcou um giro performativo na arte, onde a questão central se deslocou do objeto para a ação. Partindo da indagação "como agir?" e da busca de modos alternativos de ação, Otavio Leonidio, em "Desvio-Crítica: notas sobre o agir", trata da crise da figura do autor como aquele que antecipa e projeta, como resultado da própria crise do sujeito moderno. Ao reconhecer, na produção artística dos anos 1960/70, alternativas a esse modo convencional de conceber arte e arquitetura, Otavio faz uma análise de alguns exemplos de arte performativa nos quais o artista se apresenta como um *autor/agente* "que apenas pode existir em ato", "sendo a obra o ato de fazer a própria obra". Já no campo da arquitetura, ele analisa diferentes discursos que questionam a ideia tradicional de projeto, seja pela "adoção de dispositivos de autoimobilização, autopurgação ou autoconstrangimento", pela crítica e denúncia do desenho (técnico) ou pela "ideia de uma arquitetura da abstinência".

A inversão do papel totalizante do autor em direção àquele que exerce práticas descontínuas cheias de lacunas e ilegibilidades coloca, para Fabiola do Valle Zonno, em "Complexidade-Memória: experiências do tempo", desafios referentes à nossa relação com o tempo e com a memória. Somando a esse debate, a autora elabora questões a partir do reconhecimento da paisagem como intertextualidade e da criação artística enquanto modo de "expor a espessura do tempo como emaranhado complexo" na arquitetura. Em busca de singularidades, diferenças, camadas e estratos dos lugares, realiza uma reinterpretação criativa de trabalhos ligados à indicialidade, à imagem poética e à imagem dialética, entrelaçando-os com os sentidos de melancolia, futuros abandonados, estranhamento e choque. Deste modo, propõe uma reflexão sobre experiências do tempo que nos coloca frente ao tema da memória e da autoria a partir de abordagens poéticas que complexificam criticamente o lugar absoluto e coerente do autor e dos sentidos na contemporaneidade.

O segundo momento tem como mote o próprio fazer, sobretudo do dispositivo de projeto, colocando-o em discussão a partir de suas dimensões estéticas e éticas, de modo a expandir compreensões mais tradicionais.

João Masao Kamita, em "Artesania-Projeto: as formas do saber-fazer", percebe uma retomada da ideia de artesania e de prática coletiva na arquitetura contemporânea. Dessa forma, faz uma retrospectiva sobre os sentidos das aproximações e distanciamentos entre arte e artesanato, ao transitar entre as ideias de manualidade, utilidade e invenção. O conceito de artesania — entendido não apenas como um fazer, mas como uma forma de sociabilidade — parece se apresentar como um recurso contra a desconexão com o real: uma expressão do atual "sentimento de perda do mundo-da-vida", ao mesmo tempo em que é uma crítica à ideia de expressão individual pela busca de uma autoria compartilhada.

Em "Coletivo-Ensino: caminhos contemporâneos", Guilherme Lassance trata de algumas dimensões da retórica da dissolução do autor no âmbito da arquitetura. A oposição à arquitetura formalista e espetacular, frequentemente atribuída à Frank Gehry, acaba por abrir espaço à produção entregue à lógica especulativa mercantilista, na qual a forma arquitetônica se dá simplesmente a partir da equação "terreno + legislação + programa", reduzindo, segundo o autor, "a arquitetura ao quase-nada". Como alternativa a esse esvaziamento da disciplina, Guilherme expõe a teoria de Rem Koolhaas, que, ao aceitar a realidade construída das cidades, busca extrair lições e referências de arquiteturas ditas comuns e banais. Para isso, considera a representação da arquitetura uma questão central: o uso do desenho se apresenta como ferramenta para evidenciar não a totalidade da obra, mas a inteligência da arquitetura enquanto mecanismo. Considerando ingênuo o desejo contemporâneo de abordar todas as questões, Guilherme afirma que o arquiteto-autor deve ter a capacidade de eleger o que é central para cada projeto; dessa forma, traz como referência métodos de ensino que conseguem expor aos alunos múltiplas agendas, teorias e formas de fazer arquitetura.

Essa ponte entre teoria, crítica e ensino é feita também por Zoy Anastassakis, em seu artigo "Abertura-Correspondência: refazendo o design". Zoy questiona a ideia de autoria por meio do pensamento do antropólogo Tim Ingold, que busca desmontar a proeminência da noção de projeto como algo anterior à construção. Para Ingold, projetar é estar sempre atento às contingências, em um processo contínuo de abertura que nunca se conclui, processo no qual designers e arquitetos se encontram em uma posição intermediária entre imaginação e realidade. Em um segundo momento, a autora apresenta um processo projetual experimentado por ela como coordenadora do curso de arquitetura da Escola Superior de Desenho Industrial, Esdi-UERJ. Neste estudo de caso, a impossibilidade de determinação projetual prévia se revelou diante de uma realidade complexa pondo em discussão o fazer projeto e a noção de autoria em uma perspectiva mais engajada a negociações coletivas e em correspondência aos afetos em campo.

O terceiro momento é delineado a partir do que consideramos um campo de escritas e experiências conectadas, mais diretamente, à urbe. Nele, são forjadas ideias sobre a autoria crítica a partir de subjetividades, práticas, narrativas e questões sempre a surgir em nossas cidades e sociedades, porém constantemente apartadas e consideradas "outras" no debate sobre o sujeito autor-arquiteto-escritor-artista.

Como Pedro Duarte nos aponta, em "Montagem-Escrita: românticos e anonimato", o fenômeno da autoria é uma compreensão histórica da época moderna e não algo natural. Trata-se de uma construção que substitui a autoridade de Deus pela do autor, de maneira que este passa a ser referência de estabilidade e sentido. Para pensar a crítica da autoria juntamente com a autoria crítica, discorre sobre os românticos alemães, que anteciparam questões relacionadas à centralidade do autor, diluindo assim o sujeito empírico. Pedro destaca o gênero literário do ensaio como meio de se desviar criticamente da autoria, na medida em que trabalha por montagem. Desta forma, ele afirma provocativamente que "somos autores da linguagem somente na medida em que ela é a nossa autora".

Essa construção referencial é estruturante na cultura ocidental e Aza Njeri, em "Negro-Paisagem: repensando agenciamentos", faz um apanhado histórico que escancara os vícios de uma narrativa baseada no embranquecimento do "arcabouço histórico-cultural de contribuições negras para a humanidade". Houve, e ainda há, um silenciamento e apagamento sistêmico de outras compreensões de humanidade e paisagem. Ao reconhecer o fenômeno de Maafa — grande desastre a que a população negra é submetida — Aza propõe que o acesso ao conhecimento se dê "pluriperspectivamente", já que isso afeta o modo "como a população afrodescendente vai se relacionar com a paisagem que a abarca e, muitas vezes, a oprime". Diante disso, em busca de uma construção de noções de autoria mais inclusivas, justas e responsáveis, a autora aponta a urgência de reconhecermos outros "lugares de fala" e de respeitarmos a "forma africana de Ser e Estar no mundo" na produção de espaços urbanos.

Como uma maneira de resistir ao processo autoral de espetacularização urbana, que reforça o "descarrilhamento cultural" da população não-branca mencionado por Aza Njeri, acontecem improvisações anônimas. Paola Berenstein Jacques, em "Improvisação-Cidade: práticas profanatórias", pensa tais ações como formas de "microrresistência cotidiana crítica" por construírem espaços profanados nas grandes cidades. Tais profanações são compreendidas por Paola como táticas críticas que tensionam os processos de gentrificação, asseptização, pacificação e ordenação dos espaços nas cidades. Pensar uma autoria crítica em projetos urbanos a partir desta perspectiva, seria buscar fazê-los de modo mais atento às improvisações, ao acaso e às "incorporações" que acontecem em espaços públicos uniformizados e sacralizados.

Os lugares pacificados de que fala Paola são consequência do que Luis Antonio Baptista chamou de "cidade planejada para a realização das promessas do progresso", em "Profanação-Poder: entre cidades sitiadas". Para ele, o cristianismo deixou uma "fratura entre cidade e subjetividade" como legado para a humanidade. Ao partir dessa cisão, onde o afeto ao sagrado não está na vivência da urbe, o autor coloca que a validação cristã é uma disputa de poder sobre o campo da pólis. Ao trazer tais questões para a contemporaneidade, Luis aponta criticamente uma tensão entre narrativas do Estado e da profanação cotidiana, onde "céu e terra, luzes e sombras afastam-se e estranham-se irremediavelmente". Assim, elabora um sentido de autoria ligado à ação de profanar, sendo esta o próprio ato de "estranhar o cotidiano". Mantermos esse estranhamento nos conduz, segundo ele, na contramão de uma "iluminação do sagrado", em direção ao mistério da experiência urbana, das outras possibilidades de escrita, poder e autoria nas cidades.

Pensar sobre a autoria crítica pode ser uma oportunidade de ofertar sinais e, como diria Luis Antonio, de "lançar presságios ao olhar", iniciando diálogos com diferentes conceitos e posições, ampliando o nosso espectro de modos de pensar, compreender e, portanto, fazer arquitetura. Em meio ao redemoinho pandêmico, escutar e expor os diferentes *futuros em germe* presentes nesse livro é a nossa forma de abrir caminho e possibilitar vida livre a ideias e realidades mais diversas.

DANIEL MILAGRES,
LAURA ROSENBUSCH E
MANUELA MÜLLER

Rede
Redem
Subje
edem
Subjeti

# Redemoinho–Subjetividade

## Novas nebulosidades

GUILHERME WISNIK

**Guilherme Wisnik** é arquiteto, urbanista, crítico, curador e Professor Doutor na Graduação e na Pós-Graduação da Faculdade de Arquitetura e Urbanismo da Universidade de São Paulo; Co-líder do Grupo de Pesquisa "Arquitetura, arte e cidade contemporânea: projetos e obras, diálogos e fricções" e um dos coordenadores do "Outros – Laboratório para Outros Urbanismos".

Há momentos históricos fortemente orientados pela dimensão de futuro, como o modernismo. Há outros, por sua vez, nitidamente revivalistas, voltados para o passado, como o chamado pós-modernismo. Hoje, no entanto, não somos nem utópicos nem nostálgicos. Me parece que a dominância da dimensão temporal refluiu, no mundo contemporâneo, em favor de uma espacialização própria à experiência da globalização. Espaço indeterminado, no qual nos vemos imersos e sem recuo suficiente para enxergar o seu contorno e a nossa própria posição relativa em seu interior.

Apesar de vivermos um período histórico que não é revolucionário do ponto de vista artístico, há sinais claros de que estamos em meio a profundas mudanças de paradigmas, que correspondem a uma alteração na base produtiva da sociedade, e parecem reestruturar as formas de subjetividade, mudando também, com elas, a noção de autoria. No campo da arquitetura, nota-se um progressivo deslocamento de ênfase simbólica do esqueleto estrutural – a transparência moderna – para a pele: o invólucro pós-moderno e os véus contemporâneos. Ao mesmo tempo, dá-se uma transição da ênfase mecânica dos edifícios para o seu comportamento energético, que corresponde à passagem do paradigma industrial ao biomórfico, ou, como define Stan Allen, da natureza objetual do edifício à condição de campo, estruturada por relações que se dão em nuvens e redes, de maneira próxima à incomensurabilidade identificada e trabalhada pelo artista Robert Smithson nos anos 1960 e início dos 70.[I] Nesse contexto, as oposições entre elementos antes muito distintos, como estrutura e vedação, ou estrutura e ornamento, tendem a desaparecer, dando lugar a novas unidades formais e programáticas.

No mundo do chamado "fim da história",[1] um aumento progressivo das desigualdades sociais se faz acompanhar, no entanto, de um grande arrefecimento ideológico, em que a dimensão de conflito, antes encarnada de forma materialista no devir histórico, se deslocou para uma espécie de paranoia difusa em relação às diferenças étnico-religiosas e às revoltas da natureza, na forma de ataques terroristas, aquecimento global, ameaça de esgotamento das reservas de água e petróleo, terremotos, ciclones, vulcões e tsunamis. Na arte, essa irrupção da alteridade corresponde a uma substituição do *outro* social pelo *outro* antropológico, horizontalizando ainda mais as práticas artísticas, que passam a basear-se no respeito politicamente correto às diferenças (étnicas, religiosas, raciais, sexuais, de gênero), e na crítica da subjetividade autoral. Se a entropia dos anos 1970 foi substituída pela sustentabilidade dos dias de hoje, o conceito pós-estruturalista de "morte do autor" deu lugar à pira-

1. Refiro-me às teses neoconservadoras conhecidas pela expressão cunhada por Francis Fukuyama em 1989 ("o fim da história"), que viam o fim da Guerra Fria como a inauguração de um novo mundo unidimensional e pós-ideológico.

taria, às autorias abertas do *Creative Commons* e ao sampleamento de motivos originais como forma de apropriação e recriação, que Nicolas Bourriaud chamou de "pós-produção".[II]

Dominada pelo discurso pós-colonial da alteridade e da diferença, a arte contemporânea parece, muitas vezes, querer permanentemente nomear as coisas, colocando-as em seus lugares supostamente devidos e merecidos. Decorre daí uma crescente perda de ambiguidade artística, que corresponde a uma adesão bem-intencionada à literalidade das representações sociais. Procurando se contrapor ao consumismo e à coisificação crescente das relações humanas, guiadas pelo individualismo, a assim chamada *estética relacional* busca uma "utopia de proximidade"[III] que, interpretando o legado dos anos 1960 e 70, procura transformar o processo de criação e recepção dos trabalhos de arte em momentos compartilhados de diálogo e negociação, que se convertem, por vezes, em um declarado utilitarismo, criando trabalhos de arte que são postos de serviço para a população. Desenhando objetos de mobiliário urbano, a arte tende muitas vezes a assumir, no "campo ampliado" contemporâneo, a forma "positiva" da arquitetura e do design.

Assim, me parece que um dos grandes problemas contemporâneos é a excessiva nitidez com que o mundo se apresenta à nossa percepção. Em vários planos da vida, tudo à nossa volta parece nítido e destituído de ambiguidade: a sociedade multicultural se faz representar de forma horizontal e transparente através das reivindicações das minorias e das redes sociais, o *espaço liso* da internet abole barreiras físicas e temporais colocando a todos em contato permanente e não filtrado por qualquer jugo moral, e a intensificação da circulação das imagens na sociedade de consumo alude a um mundo sem fissuras, e que parece não ser mais passível de qualquer ação transformável por parte do sujeito, e sim, apenas, de uma leitura passiva dos seus códigos de funcionamento. Acessibilidade também quer dizer proximidade, que amplia a nitidez das coisas.

Nas duas últimas décadas, o rápido desenvolvimento das tecnologias da informação foi acompanhado pelo grande aumento da mobilidade e da liquidez do capital, em processos econômicos realizados de forma cada vez mais transnacional, envolvendo permanentes fluxos de mão-de-obra, matérias-primas, mercadorias, pessoas e capitais. É nesse momento que se dá a ascensão das chamadas "cidades globais",[IV] à medida que os estados nacionais optam pela privatização de empresas, e pela desregulamentação das suas economias, abrindo-as ao mercado globalizado. Impõe-se, então, uma nova lógica de criação de centralidades no território mundial, na qual as cidades se tornam importantes atores econômicos e geopolíticos.

Aqui é preciso recuar um pouco. Desde pelo menos o início dos anos 1970, uma fundamental mudança de paradigma alterou a base produtiva do mundo – com resultados imediatamente mais visíveis no Ocidente, em especial entre os países ricos –, e com ela a representação simbólica da sociedade. Refiro-me à virada histórica ocorrida em torno de 1972-73, e que o historiador Eric Hobsbawm caracteriza como a passagem da era de ouro para o que chamou de era do desmoronamento, e que coincide com o que o geógrafo David Harvey entendeu como a mudança de um paradigma fordista de produção a um sistema de *acumulação flexível* no interior do capitalismo, voltada para produtos específicos e nichos de mercado. Processo que, no campo da cultura, corresponde em grande medida à passagem do modernismo ao pós-modernismo, tal como definido por teóricos militantes como Charles Jencks, e sistematizado de forma mais rica e abrangente por Fredric Jameson[V] associando o pós-modernismo ao chamado "capitalismo tardio",[2] também conhecido como neoliberalismo.

Tal mudança de paradigma é produto de crises em vários campos da sociedade, que abarcam as esferas econômica, cultural e ambiental, resultando em um declínio do papel do Estado. Na sua esteira, dá-se a grande revolução tecnológica nos sistemas de circulação da informação, e o trânsito de uma sociedade alicerçada na produção (industrial) a uma socieda-

2. O conceito de "capitalismo tardio" foi formulado por Ernest Mandel.

de baseada nos serviços (pós-industrial). Em busca de maior competitividade nesse mercado cada vez mais integrado, as indústrias dos países centrais passaram a adotar programas de deslocalização do trabalho, que tendeu a migrar para regiões menos "desenvolvidas" do planeta, ocasionando a erosão dos direitos sociais e trabalhistas historicamente adquiridos pelas políticas de Bem-Estar Social na Europa, desde os traumas das depressões econômicas dos anos 1920 e 30. Tal processo ocorreu em paralelo à flexibilização dos regimes de trabalho, à escalada do valor fictício das coisas – com a especulação financeira assumindo um papel central na nova economia –, e à necessidade de reconversão de vastas áreas industriais das cidades que, uma vez "revitalizadas", passaram a abrigar usos voltados ao setor terciário, em que predominam o uso cultural e o turismo.

Se a arte moderna, em seu momento, havia rompido o dualismo entre realidade e representação, criando com isso um campo plástico imanente e relacional, capaz de plasmar, em suas tensões visíveis, as tumultuosas disputas sociais, hoje a realidade não parece mais tão acessível à manipulação e à transformação simbólica. É sintomático, a propósito disso, o fato de que a mudança na compreensão da arte, nas últimas décadas, acompanhe o declínio histórico da noção de trabalho, flexibilizado, e cada vez mais precarizado no *capitalismo tardio*. Trata-se, afinal, daquilo que Hannah Arendt qualificou de "erosão da durabilidade do mundo" em favor de um permanente consumo das coisas, próprio à predominância da dimensão do labor sobre a noção de trabalho.

Se uma das características centrais do pós-modernismo foi a autonomização dos significantes em relação aos significados, abstraindo-se os lastros materiais, a ascensão da economia financeira exponenciou essa característica predatória do capitalismo, gerando na arquitetura recente aquilo que Pedro Fiori Arantes chamou de "renda da forma".[VI] Trata-se, segundo Arantes, de uma equivalente autonomização da forma arquitetônica – cada vez mais retorcida, liquefeita e antitectônica – em relação aos materiais e ao trabalho envolvido na sua construção. Daí, exatamente, o valor de marca desses edifícios icônicos, realizando um fetiche da mercadoria em segundo grau. Pois, de maneira análoga, se a economia não possui regras nem limitações para a autovalorização especulativa do capital financeiro, o urbanismo também deixa de ser a ciência que controla e dá parâmetros ao crescimento das cidades, agora "globais", e a forma arquitetônica parece dobrar a sua materialidade sem qualquer resistência. Parece haver claramente aí, como nota Pedro Arantes, uma desmedida que espelha o curso descontrolado do mundo atual.

Com efeito, é preciso encontrar uma mirada crítica a esse estado de coisas que não assuma um ponto de vista exterior e imune ao seu raio de ação. Quer dizer, é preciso encontrar um ângulo interno de análise que possa engendrar uma perspectiva crítica sem negá-la completamente, já que afinal foram esses os caminhos tomados até aqui, e não outros. Portanto, me parece que é necessário entender a relação entre a ubiquidade da imagem na sociedade de consumo e abolição da opacidade do mundo, ou da resistência da matéria, na sua inextrincável relação com a arte e com a noção de trabalho, às quais se vinculam também uma descrença no instrumento da percepção como forma de intelecção. Segundo Rodrigo Naves (2007), essa imagem "descolada de toda e qualquer resistência à formalização", e que portanto "pode assumir ares de algo intercambiável e plenamente disponível", está na base de uma situação em que "a percepção tende a deixar de radicar na experiência", e "uma *homogeneidade* genérica de fundo se apodera de grande parte das representações", fazendo com que a atividade perceptiva se reduza "a um *re-conhecimento* de imagens", algo que, pondera Naves, "a pop soube antecipar com extrema pertinência".[VII]

Uma boa ilustração dessa relação de oposição entre o "gesto utópico" moderno e a superficialidade desencantada pós-moderna aparece na comparação feita por Fredric Jameson entre as telas *Um par de botas* (1887), de Van Gogh, e *Diamond dust shoes* (1980), de Andy Warhol. Pois se no caso de Van Gogh a insistência na materialidade da obra procura de certa forma recriar um universo ausente – a transformação do opaco mundo camponês em pura cor é um "gesto de compensação utópica" –, no caso dos sapatos de Warhol a operação hermenêutica não se completa, pois, dada sua pura exterioridade, não há como reintegrá-los a algum contexto de origem. Segundo Jameson, se no trabalho de Van Gogh "um mundo ferido é transformado, por um *fiat* nietzschiano, ou por um ato de vontade, na estridência de um colorido utópico", em Warhol, "ao contrário, é como se a superfície externa colorida das coisas – aviltada e previamente contaminada por sua assimilação ao falso brilho das imagens da propaganda – fosse retirada para revelar o substrato mortal branco e preto do negativo fotográfico, que as subtende".[VIII]

## Transparência ambígua

Nos seus retratos mais conhecidos, os arquitetos japoneses Kazuyo Sejima e Ryue Nishizawa nos encaram com um olhar lívido e ausente, e com roupas neutras, cinzas ou pretas, sobre um fundo branco. Espontâneas ou construídas, suas *personas* públicas demonstram uma frieza pálida, e uma desdramaticidade que espelha os traços de sua própria arquitetura, que, a meu ver, retrata de maneira vertical um certo espírito do nosso tempo. Com um traço de autoria marcante, seus edifícios extraem um sensualismo imprevisto da inexpressividade, fundindo o racionalismo cartesiano ao contorno orgânico das formas naturais.

Sejima começou a carreira trabalhando com Toyo Ito, nos anos 1980. E foi justamente Ito quem primeiro definiu a produção de Sejima como um ponto de mutação no cenário arquitetônico contemporâneo através do termo "arquitetura diagrama",[IX] que se tornaria, não por acaso, o conceito chave da arquitetura nos anos 2000, indicando um princípio de integração entre função e espaço a partir de uma nova matriz informacional. A arquitetura de Kazuyo Sejima, ainda segundo a caracterização de Toyo Ito, figura uma relação inédita entre corpo e espaço construído, parecendo abrigar apenas androides sem cheiro nem calor no interior de suas superfícies anódinas. Já distante das arestas fraturadas do desconstrutivismo, seus edifícios sinuosos e espectrais não procuram desestruturar o objeto arquitetônico enquanto tal, como em Peter Eisenman ou Kazuo Shinohara. Sua operação é mais delicada: eles dissolvem as conhecidas hierarquias arquitetônicas, tais como as que existem entre estrutura e vedação, ou espaços de circulação e de estar, aspirando a uma homogeneidade fria, porém sensual, que, segundo a analogia feita por Toyo Ito, tem proximidade com o imaginário do mundo digital.

Fundando o SANAA em 1995, Sejima e Nishizawa prolongam em sua obra conjunta as características descritas acima, radicalizando o sentido de grande continuidade espacial dos edifícios, baseada no paradoxo entre a enorme fragmentação dos espaços interiores e a cristalina legibilidade geométrica do volume externo. Os exemplos mais claros desse procedimento são duas obras-primas: o Museu de Arte Contemporânea do Século XXI (1999-2004), em Kanazawa, e o Pavilhão de Vidro em Toledo, Ohio (2001-2006). Trata-se de dois edifícios em que um amontoado aparentemente aleatório de blocos isolados que não se tocam são contidos por uma forma pura de vidro – um cilindro, no primeiro caso, e um retângulo no segundo. Em Kanazawa, o perímetro circular permite a entrada no edifício por qualquer lado, destruindo o conceito de fachada, que supõe uma hierarquia. Por fora, vemos uma superfície centrífuga e infinita. E por dentro, um labirinto de percursos entre salas e pátios, no qual os espaços de circulação (os interstícios entre os blocos) se tornam também lugares de estar, ganhando um protagonismo inédito. Na esteira da tradição cultural do seu país, Sejima e Nishizawa sabem perfeitamente construir o vazio.

Kazuyo Sejima associa a sociedade da informação contemporânea à falta de profundidade e de transparência. Daí que ela se declare interessada em explorar diferentes graus de opacidade e reflexão ao usar o vidro, criando efeitos atmosféricos através da sobreposição de planos envidraçados curvos, muitas vezes jateados ou serigrafados, combinados a cortinas brancas. Por outro lado, afirma buscar a transparência através de materiais opacos, criando um curto-circuito entre visualidade e materialidade por intermédio da solução espacial. Em suas palavras: "O que eu procuro encontrar é uma forma de transparência sem um material transparente. Assim, não se trata de uma transparência literal mas conquistada, por exemplo, graças a algum método de desenho".[x]

Se a sociedade da informação tem uma relação estreita com a falta de visibilidade, ao contrário do que postularam os profetas da virtualidade, como Paul Virilio, a arquitetura do SANAA busca entrar em fase com a subjetividade contemporânea, associando-a também à flexibilidade e à homogeneidade. Por outro lado, parece refutar, em suas ambiências hospitalares, o consumismo compulsivo da nossa sociedade, criando um vetor de oposição a ela. É claro que essa oposição, dada a sofisticação das suas soluções construtivas, pode ser vista como um mero despojamento *cool*. No entanto, me parece que a rápida pregnância alcançada pela arquitetura de Sejima e Nishizawa no mundo contemporâneo se deve menos a uma facilidade do que a um incômodo. O incômodo sedutor do anonimato voluntário em um mundo pós-sociedade de massas, com espaços pouco hierarquizados, diáfanos e anoréxicos, que se revelam, no entanto, de um grande acolhimento, como se da crisálida dos androides nascessem homens comuns: nós. Pois em meio ao bombardeio sensorial da sociedade da informação, o que mais desejamos são mensagens insinuadas, não literais.

E não poderiam ser outros que não os japoneses os mais aptos a traduzir a fenomenalidade contemporânea na dimensão do mistério e da obscuridade, por oposição à literalidade da luz ocidental, símbolo da espiritualidade e da razão.[XI] Assim, é preciso não se enganar quanto ao significado do branco gris de todos os edifícios que trazem a marca do SANAA. A propósito, como já observou Luis Fernández-Galiano, *Frente à solidez solar das arquiteturas do jogo sábio e magnífico de volumes sob a luz, essas obras etéreas ostentam a palidez lunar dos espíritos noturnos, e uma fragilidade evanescente que a sensibilidade romântica denominou de feminina.*[XII]

Se Herzog & de Meuron exploram ao limite a realidade física para transcendê-la e aspirar ao imaterial,[3] a arquitetura do SANAA parte direto desse grau zero da materialidade e da tectônica, em que paredes quase sem espessura e pilares de esbelteza inverossímil parecem querer liberar a construção da densidade e da inércia. À beira do desvanecimento,

3. "Nós trabalhamos com alidade física da arquitetura", afirma Jacques Herzog, "porque só assim poderemos transcendê-la, ir mais além e chegar ao imaterial." (HERZOG, Jacques. In: FERNÁNDEZ-GALIANO, Luis. Diálogo y logo: Jacques Herzog piensa en voz alta. *Arquitectura Viva* n.91. Madri, 2003.)

atrás de um *sfumato* que desrealiza os seus perfis em sombras e reflexos, a imaterialidade abstrata dos edifícios do SANAA está distante daquela celebrada por Lyotard em meados dos anos 1980.[4] Dissolvendo o esqueleto das construções em bosques de colunas quase imperceptíveis, Sejima e Nishizawa reduzem a referência antropomórfica da arquitetura em edifícios feitos quase que apenas de pura pele, mas com uma riqueza espacial interior inegável, que refuta qualquer suspeita de uma ênfase epidérmica. Em resumo, eu vejo na arquitetura do SANAA uma espécie de sonambulismo lúcido, cuja vitalidade provém justamente da sua aparência inerte. E que, como em outras manifestações artísticas recentes, tais como as canções do Radiohead, parecem manter a nossa atenção presa à circularidade translúcida da sua superfície, prometendo um mergulho em seu interior, que revelaria a sua estrutura formal. Mas o acesso a essa dimensão, no entanto, permanece sempre vedado, mantendo-nos em hipnótica vigília.

## Irrealidade verossímil

O tema do *sfumato* nos leva, obrigatoriamente, à obra do artista dinamarquês (de origem islandesa) Olafur Eliasson, cuja produção, aliás, é central para a discus-

4. Refiro-me à exposição *Les immatériaux*, com curadoria de Jean François Lyotard, ocorrida no Beaubourg em 1985.

são da relação contemporânea entre as artes plásticas e a arquitetura.

A obra de Olafur lida, em grande medida, com fenômenos e elementos da natureza, tais como vento, água, luz e fumaça. Mas nem por isso pode ser associada a qualquer discurso ecológico, que implicasse as ideias de pureza ou de retorno a um estado essencial da vida. Ao contrário disso, a natureza, no trabalho de Olafur, é dada sempre por um condicionamento cultural, isto é, aparece necessariamente como construção, e não como verdade redentora. Vem daí o aspecto muitas vezes surrealista dos seus trabalhos, que replicam artificialmente elementos naturais colocando-os em confronto com seus pares "reais", criando assim uma dimensão da experiência na qual a ilusão e a realidade estão interconectadas, tornando-se, portanto, indiscerníveis. Nas palavras do próprio artista, "estamos sendo testemunhas de uma mudança na relação tradicional entre realidade e representação". Assim, "já não evoluímos do modelo (maquete) à realidade, mas do modelo ao modelo, ao mesmo tempo em que reconhecemos que, na realidade, ambos os modelos são reais".[XIII] Consequentemente, prossegue, "podemos trabalhar de um modo muito produtivo com a realidade experimentada como um conglomerado de modelos", pois "mais que considerar o modelo e a realidade como modalidades polarizadas, eles agora funcionam no mesmo nível. Os modelos passaram a ser coprodutores de realidade".

Essa mudança na relação tradicional entre realidade e representação a que se refere, deve ser compreendida à luz de uma soma entre os efeitos da emancipação pós-moderna dos significantes – o que, em outros termos, equivale à hipertrofia da imagem na sociedade de consumo –, e da acelerada virtualização da experiência com as tecnologias digitais na última década. Ocorre que, no caso de Olafur, ao invés de reforçar esse efeito de artificialidade como perda total do referente, os trabalhos procuram criar um campo de equalização dessas instâncias, na medida em que deixam de ser tratadas como polaridades duais. Vem daí o seu foco na questão da participação do visitante como condição da experiência dos trabalhos de arte. O que quer dizer que esses trabalhos só se realizam como necessárias negociações intersubjetivas entre o artista, o espaço e o público.

Note-se, no entanto, que não se trata exatamente de converter o espectador em ator, como em muitas instalações participativas dos anos 1960, mas de negociar os termos da criação com ambientes de explícita artificialidade, nos quais a percepção assuma um papel construtivo, e, portanto, restaurador de uma possível subjetividade da experiência.

Se as atmosferas enevoadas criadas por Olafur criam um campo de embaralhamento entre natureza e artifício, o fazem espacialmente reabilitando a noção de ilusionismo, estigmatizada por uma corrente dominante da arte moderna. É o que se vê, por exemplo, em um trabalho urbano como *Double sunset* (1999), feito em Utrecht, na Holanda, onde o artista criou um sol artificial, feito de chapa metálica e iluminado por uma bateria de lâmpadas de xenônio, posicionado no alto de um edifício da cidade. Assim, dependendo do ângulo desde o qual se olhasse para esse estranho sol artificial e baixo – em uma cidade de alta latitude, na qual o pôr-do-sol é um fenômeno lento e cotidianamente apreciado durante o verão –, se poderia vê-lo simultaneamente ao pôr-do-sol real, criando uma duplicidade algo sinistra. Situação que se desdobrava ainda durante a noite, quando a iluminação dos holofotes de um estádio vizinho ao prédio no qual o trabalho se instalava, fazia-o brilhar como um impossível sol noturno.

Em 2003, aquele inusitado sol de Utrecht – duplo e onipresente –, reapareceu de forma alterada em Londres, no interior da Galeria das Turbinas, o magnífico hall de entrada da Tate Modern. Intitulado *The weather project*, era também feito por um semidisco metálico estruturado por andaimes e iluminado por lâmpadas de monofrequência. Além disso, o artista instalou um espelho rente ao teto do salão, duplicando o espaço e refletindo suas imagens – a arquitetura, as pessoas, e o próprio meio-sol, que, ao duplicar-se, completava-se –, além de envolvê-lo também em uma bruma artificial, cujo ar de mistério potencializava o sentido de verossímil irrealidade da situação. Aproximo aqui o verossímil do irreal na medida em que o trabalho logra de fato dissolver essas polaridades, no calor implacável de sua luz fria. O resultado é que as pessoas acorriam em grande número para o museu, durante o inverno londrino, com a intenção de se deitar no chão daquela praia artificial, e receber na pele – ainda que apenas de forma mediada, pelos olhos e o cérebro, porém de modo muito verossímil – a energia daqueles benéficos raios solares. Tamanho foi o êxito do trabalho, que catapultou a carreira de Eliasson a um plano de consagração muito mais alto, sendo reconhecido ainda hoje como o mais importante trabalho já feito na Tate Modern.

Minha referência ao sucesso de *The weather project* não visa apenas elogiar a obra de Olafur. Nos termos da discussão proposta aqui, interessa investigar as razões desse sucesso, para além de suas razões mais evidentes, tais como a qualidade estética intrínseca – verificável inclusive no plano do "belo" –, e o enorme poder simbólico e midiático da instituição. Uma chave para essa questão, me parece, foi a instalação ter conseguido associar a inegável qualidade de espaço público daquele lugar à exploração de algo que talvez seja um dos poucos domínios verdadeiramente públicos ainda hoje: o tempo atmosférico (no sentido de *weather*, não de *time*), ao qual já me referi a propósito do *Blur building*.

Uma das grandes qualidades do trabalho de Olafur Eliasson, segundo o antropólogo Bruno Latour, é a superação das velhas e esgotadas distinções entre polaridades como o selvagem e o domesticado, o privado e o público, ou o técnico e o orgânico. Latour é um dos grandes formuladores da chamada "antropologia simétrica", que, a partir de questões levantadas inicialmente por figuras como Claude Lévi-Strauss, propõe leituras da sociedade contemporânea que partem da inclusão estrutural da alteridade, isto é, da crítica à perspectiva dominadora ocidental, segundo a qual o outro deve ser reduzido ao eu. A grande questão contemporânea, diz Latour, é a progressiva fusão das duas formas de representação que foram separadas ao longo da história: a representação da natureza e a representação das pessoas em sociedade, isto é, a separação entre coisas e pessoas, ciência e política.

Segundo a visão moderna-iluminista, a história da civilização é a épica trajetória de emancipação daquele estado primitivo, animista, em que os homens se mesclavam com o mundo, em direção à separação racional de tudo. Assim, o corte racionalista ocidental separou sujeito e objeto, fatos e valores, buscando eliminar aquela antiga "confusão" do estado natural. A própria crítica à objetificação do mundo sob o capitalismo, como razão da obstrução de uma política baseada na "livre" ação comunicativa – tal como a que vemos em Jürgen Habermas –, se baseia no aprofundamento dessa divisão.

Hoje, no entanto, observa Latour, a ação humana se ampliou a uma escala em que as antigas paredes dos laboratórios se expandiram, extrapolando as fronteiras do planeta. Como explicar fenômenos como o buraco na camada de ozônio, por exemplo, ou a poluição dos rios, os embriões congelados etc? Estariam, esses fenômenos, no campo do natural ou do cultural? Desde que o mundo inteiro foi convertido em um grande laboratório (um "campo ampliado"), vivemos um experimento generalizado, no qual todos são atores. É a "era da participação", segundo Latour, onde experiência e experimento se tornaram uma coisa só, um grande híbrido contemporâneo. Esse "campo ampliado" da experiência pede uma nova compreensão da política, observa Latour, na imagem de um "parlamento das coisas" *(Dingpolitik)* – que voltasse a associar as ideias de "público" e de "coisa": *Res publica.*[XIV]

Como extrapolar os experimentos científicos, historicamente fechados em laboratórios, para a atmosfera de toda uma cultura? Essa é uma pergunta crucial para a nova política, segundo Latour, no momento em que as referências de alteridade e de exterioridade se esfumam. Assim, se nós estamos emaranhados no mundo, as coisas acontecem sempre no interior, e não no exterior. "Devido à extensão simultânea da ciência e ao sempre crescente entrelaçamento das atividades humanas com as coisas", insiste Latour, "já não há um exterior". E, fazendo recurso a uma imagem alegórica, observa que o que Olafur Eliasson nos ajuda a descobrir, com seus trabalhos, é que "até a política necessita de ar condicionado".[XV]

No seu "programa ambiental" de 1966, Hélio Oiticica fez a conhecida afirmação de que o "museu é o mundo". Hoje, no entanto, se formos atualizar esse princípio de "apropriação geral" proposto por ele, veremos que se por um lado o museu vai de fato se dissolvendo no mundo, como a arte na vida, o próprio mundo, por outro lado, vai também se museificando com o turismo, a publicidade e a economia de serviços, segundo uma lógica de equivalência entre realidade e modelo. A singularidade da posição de Olafur Eliasson está em nem aceitar a ideia de autenticidade defendida pela contracultura, onde arte e vida se integram – de matriz ainda moderna –, e nem defender a artificialidade do simulacro pós-moderno. No meio do nevoeiro, não é possível decidir se estamos de um lado ou de outro da ponte. O que há, é apenas a própria ponte.

## A fumaça e o anjo

A alegoria evocada pela névoa, se tomada como ruína,[XVI] incide não apenas em aspectos simbólicos relativos à transcendência – o céu que pousa sobre a terra –, mas também a uma série de irrupções trágicas no cotidiano, da ordem da imanência, como por exemplo as fumaças de grandes incêndios e demolições.

Em relação às demolições, penso, por exemplo, na clássica imagem da implosão do conjunto habitacional de Pruitt-Igoe (Saint Louis), em 1972, assim como, evidentemente, nas várias fumaças que tomaram Nova York após os ataques terroristas de 11 de setembro de 2001: a fumaça negra do incêndio nas torres, a fumaça branca do momento da queda, a nuvem amarelada que pairou nos extratos mais baixos depois da queda, depositando-se em forma de fuligem sobre as pessoas, e a intensa neblina cinzenta que cobriu a cidade por semanas, e que, em termos simbólicos, parece que não se dissipará tão cedo.

Duas megademolições, acompanhadas de suas respectivas fumaças, que no curto intervalo de vinte e nove anos marcaram duas viradas de página da história: a irrupção do pós-modernismo, no primeiro caso, e o início de uma era ainda sem nome, no segundo, dominada pela globalização, e que atinge a sua eficácia trágica através do próprio imperialismo da mídia, como que subvertendo por dentro a *sociedade do espetáculo*. Nos termos da nossa discussão aqui, é significativo que essas novas eras se inaugurem através de demolições, e não de gestos construtivos – como foram o avanço da ciência e a descoberta da América, por exemplo, em momentos anteriores. Tal percepção parece reforçar o sentido trágico do "pacto fáustico" feito pela modernidade desde o século XIX, que levou Nietzsche a definir a história moderna como uma dialética entre a "destruição criativa" e a "construção destrutiva".[XVII]

A propósito, uma das muitas evidências sobre o mundo contemporâneo trazidas com os ataques de 11 de setembro foi a revelação, ainda que paradoxal, do renovado alcance midiático da arquitetura, cuja escala e difusão vieram a fazer inveja a muitos artistas – lembremos, aliás, da polêmica declaração do músico Stockhausen, de que o atentado de 11 de setembro "é a maior obra de arte imaginável". O que ajudaria a explicar, segundo Liane Lefaivre, a enorme invasão de temas e inspirações arquitetônicos na arte contemporânea.[XVIII] Mais uma vez, temos aqui a aproximação entre arte (arquitetura) e tragédia, cujo poder violentamente disruptivo pode ser visto como algo da ordem do sublime, em uma sociedade na qual a imagem parece ter se tornado autônoma.

Assim, se em 1940, o "anjo da história" de Walter Benjamin era impelido para a frente pela ventania do progresso, acumulando ruínas atrás de si,[XIX] hoje ele talvez estivesse perdido no meio de um nevoeiro sem brisa. Ou então, retido por tempo indeterminado em algum aeroporto "sem teto", vítima do caos aéreo, esperando a dissipação da nuvem de fumaça provocada por mais uma erupção vulcânica no Chile ou na Islândia. •

I. ALLEN, Stan. *Del objeto al campo: condiciones de campo en la arquitectura y el urbanismo.* In: ÁBALOS, Iñaki (Org.). *Naturaleza y artifício — el ideal pintoresco en la arquitectura y el paisagismo contemporáneos.* Barcelona: Gustavo Gili, 2009.

II. BOURRIAUD, Nicolas. *Pós-produção: como a arte reprograma o mundo contemporâneo.* São Paulo: Martins, 2009.

III. BOURRIAUD, Nicolas. *Estética relacional.* Buenos Aires: Adriana Hidalgo, 2006, p. 8.

IV. SASSEN, Saskia. *The global city: New York, London, Tokyo.* Nova Jersey: Princeton University Press, 1991.

V. JAMESON, Fredric. *Pós-modernismo: a lógica cultural do capitalismo tardio.* São Paulo: Ática, 1997.

VI. ARANTES, Pedro Fiori. *Arquitetura na era digital-financeira: desenho, canteiro e renda da forma.* São Paulo: Editora 34, 2012.

VII. NAVES, Rodrigo. *O vento e o moinho.* São Paulo: Companhia das Letras, 2007. p. 241.

VIII. JAMESON, Fredric. *Pós-modernismo: a lógica cultural do capitalismo tardio.* São Paulo: Ática, 1997, p. 36-37.

IX. ITO, Toyo. *Arquitectura diagrama. El Croquis* n. 77[I] + 99. Madri, 2001.

X. ZAERA, Alejandro Zaera. *Una conversación con Kazuyo Sejima y Ryue Nishizawa. El Croquis* n. 77[I] + 99. Madri, 2001.

XI. TANIZAKI, Junichiro. *Em louvor da sombra.* São Paulo: Companhia das Letras, 2007.

XII. FERNÁNDEZ-GALIANO, Luis. *SANAA en sueños.* AV Monografias n. 121. Madri, 2006, p. 6.

XIII. ELIASSON, Olafur. *Los modelos son reales.* Barcelona: Gustavo Gili, 2009, p. 11.

XIV. LATOUR, Bruno e WEIBEL, PETER (ORG.) *Making things public: atmospheres of democracy.* KARLSRUHE: ZKM — Center for Art and Media Karlsruhe/ MIT Press, 2005.

XV. LATOUR, Bruno. *Atmosphère, atmosphère.* In: GARCÍA-GERMÁN, Javier (Org.). *De lo mecánico a lo termodinámico: por una definición energética de la arquitectura y el territorio.* Barcelona: Gustavo Gili, 2010, p. 106.

XVI. RENDELL, Jane. *Ruin as allegory*. In: *Art and architecture: a place between*. Londres: I. B. Tauris, 2008, p. 85-101.

XVII. HARVEY, David. *A condição pós-moderna*. Rio de Janeiro: Loyola, 1993, p. 25-26.

XVIII. LEFAIVRE, Liane. *Arte arquitectónico: una nueva tendencia en la Bienal de Venecia*. Arquitectura Viva n.102. Madri: 2005, p. 89.

XIX. BENJAMIN, Walter. *Sobre o conceito da história*. In: *Walter Benjamin: obras escolhidas vol. 1*. São Paulo: Brasiliense, 1985, p. 226.

ymade-
Ready

# Readymade-Ação

## Desdobramentos críticos

RONALDO BRITO

**Ronaldo Britto** é crítico de arte e Professor no Programa de Pós-Graduação em História Social da Cultura do Departamento de História da Pontifícia Universidade Católica do Rio de Janeiro.

A questão da autoria na história da arte moderna conhece um desvio decisivo com o *readymade* de Marcel Duchamp. Ele inaugura o questionamento radical da figura mítica do artista. Na cultura ocidental, tal figura se associa à Metafísica da Criação, recebe a caracterização judaico-cristã de origem demiúrgica. Para dimensionar o alcance do gesto de Duchamp é preciso começar por localizá-lo no contexto revolucionário cubista das colagens e das construções livres e quase anônimas de Picasso. De maneira muito esquemática, pode-se até afirmar que, a partir daí, a arte moderna se move entre dois polos: Picasso, o homem que fazia de tudo, capaz de converter em Arte tudo o que lhe caía nas mãos, e assim celebrar a liberdade formal democrática e Duchamp, o pensador do fazer, que justamente por isso nada podia fazer sem questionar esse mesmo fazer.

Inicialmente, Duchamp é o jovem espectador inteligente desse contexto iconoclasta cubista. Depois, nele intervém com o gesto inédito do *readymade*, considerado por ele próprio a melhor coisa que teria feito. O título – na verdade, um conceito, na verdade, o próprio trabalho – deveria ser *Prèt-à-Porter*, em francês, mas até aí entrou a perspicácia duchampiana, trocando-o pelo inglês, língua comercial por excelência. As construções picassianas já afrontavam a noção tradicional, morfológica, da forma Greco-Romana. Elas juntavam precariamente, relacionavam, agenciavam materiais comuns e industriais e, claro, não foram prontamente valorizadas. Com o tempo, passaram à condição de emblemas da criatividade anti-hierárquica, improvisada, por assim dizer, do homem moderno imaginativamente emancipado. Como se sabe, Picasso veio a encarná-lo como nenhum outro. Ele é o primeiro a transfigurar esteticamente o mundo impessoal da máquina, dotá-lo de inteligibilidade plástica legítima. Aquelas guitarras em metal ou papel, a desafiar gêneros e artesanias, como a surgir de repente no mundo, conhecem desfecho positivo: afirmam nada menos que a capacidade de produzir o singular no universo impessoal da técnica.

Marcel Duchamp opera uma torção sobre essas esculturas picassianas. O *readymade* é uma manobra irônica, negativa, a questionar o destino alienado da obra de arte no mundo burguês administrado. Existem várias leituras concorrentes e plausíveis dessa manobra. Podemos destacar duas delas, digamos, canônicas: a de origem dadaísta e surrealista e outra, mais tardia, norte-americana e de teor institucional e sociológico. Duchamp, num típico gesto *readymade* adere ao Dadaísmo por meio de um telegrama enviado de Nova Iorque, onde já morava. É indiscutível sua proximidade cultural ao Dadaísmo e a seu sucessor, o Surrealismo, ambos de nítida filiação romântica. Embora Duchamp nunca tenha tido intenções políticas, muito menos revolucionárias – se alguma coisa, ele era o clássico *raisoneur* cético, não por acaso, enxadrista inveterado – o *readymade* se encaixava à perfeição na lógica iconoclasta Dadá. E com o seu famoso *Rrose Selavy* (Eros é a Vida) participava da verdadeira campanha surrealista pela liberação sexual pós-freudiana. É verdade que, distanciado, nunca tomou parte nos cansativos rituais surrealistas, cheios de expurgos e excomunhões, à maneira do Partido Comunista ou do Vaticano, comandados pelo Papa André Breton. Bem, a leitura norte-americana, que teria início com John Cage, se estende a Jaspers Johns e Andy Warhol e passa a dominar a cena artística dos EUA do final dos anos 1950 até os anos 1980, tende a apagar o vínculo de Duchamp com o Romantismo histórico.

É impossível, ou faccioso, desvincular Marcel Duchamp da tradição romântica: os *readymades* se pretendem, na verdade, Atos Poéticos. Eles só fazem sentido no contexto desencantado da institucionalização maciça de uma arte moderna que se via nas antípodas do mundo da ciência, da onipresente equação custo-benefício, enfim, a célebre "Gaiola de Ferro" de que falava Max Weber. Feia, inóspita, transgressiva que fosse, nenhuma obra de arte escaparia ao processo de assimilação e banalização, enfim, ao consumo rápido e eficiente da máquina. A resposta do artista seria produzir o mais difícil, algo que não fosse nem belo, nem feio: o Neutro. Não foi esse mesmo artista que, adiante, inventaria a noção de Máquina Celibatária, quer dizer, estéril e improdutiva? Só não creio que um mero gesto transgressivo pudesse conhecer ressonância cultural tão estimulante e duradoura. O *readymade* é um gesto desencantado, sim, mas guarda, protege e afirma o sentido íntimo (e público) do Ato Poético. Imaterial, logo, de certo modo inconsumível. Quando se trata de um *raisoneur*, é sempre bom levar em conta as notas escritas, o contexto de pensamento intrínseco às "obras".

Lendo os escritos do artista, que acompanham e refletem sobre os trabalhos, encontramos, por exemplo: limitar a quantidade de *readymades* por ano! E ainda, marcar dia e hora para "elegê-los". Nesse momento preciso, o primeiro objeto em que eu colocar o olho vira um *readymade*!. Assim se configura um gesto poético, este sim, irrecuperável. Em Duchamp, e aí talvez radique sua originalidade, passa a existir um hiato poético entre a materialidade da obra e sua intencionalidade, o imaginário pessoal e um tanto sigiloso que a impregna. Em 1915, Duchamp se muda para Nova York onde, algumas décadas depois, a arte moderna será efetivamente institucionalizada, teorizada e mercantilizada como nunca fora em seus principais laboratórios europeus, Paris, Munique, Berlin. Diga-se que a relação entre a arte moderna e a Europa sempre foi algo truncada; arte era tão somente o centro da vida alternativa, a boêmia. A América, ao contrário, pretende assumi-la como a verdadeira arte de nosso tempo, uma vez que ela própria se considera a nação e o destino modernos por excelência. Depois da grande geração de pintores que opera o milagre de renovar a pintura moderna – Pollock, Rothko e Newman entre outros – surgem a Pop e a Minimal, movimentos decidida, inconfundivelmente americanos. Parece que não é segredo que Kennedy comprou o prêmio da Bienal de Veneza, então a mais importante, para o jovem pop Robert Rauschemberg. São os EUA adquirindo a liderança da arte moderna, em todos os sentidos. Ora, quem mais senão Marcel Duchamp podia aparecer como o profeta, o visionário que, muito cedo, prenunciou o destino frustrado da arte moderna, reduzida à condição de *commodities*. O escândalo do Salão dos Independentes, o abismo entre produção e recepção tão lamentado, mas afinal tão estimulante, subitamente acaba. De nada, um quadro de Jackson Pollock passa a valer um milhão de dólares, quantia assombrosa até aquele momento. Mas, com certeza, Pollock trabalhava ainda no regime idealista da alta modernidade: a pintura era algo entre ele e o universo, transcendental, incomensurável a dados mercadológicos. Já o artista Pop, bem, este se sabe desde logo funcionário de uma indústria cultural, elo de uma complexa e ininterrupta cadeia de produção.

Ao contrário do que se supõe em geral, penso que o *readymade*, ironicamente, consagrou um belo gesto autoral, um dos mais bem sucedidos do século XX.

É simples: depois de Duchamp, ninguém mais pode criar (ou mesmo, eleger) um *readymade*! Enfim, não se acham mais *readymades* como antigamente... É quase uma demonstração lógica, à la Bertrand Russel, antiaristotélica. Existiam até aí duas categorias de objetos: os objetos utilitários e os objetos de arte. O *readymade* confunde os termos, reintroduz o Terceiro-Excluído: eis que aparece um objeto utilitário que também é um objeto de arte. Li essa interessante observação numa entrevista do Jasper Johns, se não me engano. Não sei se é um pensamento original, ou se era moeda corrente em seu círculo. O que sei é que Johns fez uma leitura atualizada de Duchamp com suas Bandeiras sensacionais, que seriam espécies de *readymades* de segunda ordem – uma vez que não podiam ser mais simples apresentações de si mesmas (qual a graça, aliás, das Bandeiras amadas ou odiadas dos EUA?) – elas eram intensamente trabalhadas, com uma carga emocional de pintura subjacente a seu aspecto *cool* e sua imagem final patente e desencantada. Em relação à de Andy Warhol, a leitura de Johns é mais culta e mediada, de certa maneira, associa Duchamp a Wittgenstein: o sentido é o uso. Ainda assim, arte permanece um fazer diferenciado. As Bandeiras e os Targets estão repletos de camadas e camadas de tinta, papéis, jornais, enfim, resíduos significativos de momentos existenciais.

Andy Warhol, por sua vez, trata a relação entre arte e sociedade no regime do equívoco incurável, tensionando ao limite o conceito de autoria. A *Factory* era uma alusão mordaz ao antigo ateliê, ao sagrado estúdio do artista. Daí a bem humorada progressão de Warhol, uma flagrante manobra duchampiana com o sentido ético trocado: quando pobre, fazia; com um pouco mais de dinheiro pensava e mandava fazer; uma vez rico, outros pensavam e faziam e ele só assinava. Duchamp nunca poderia se reconhecer eticamente nos artistas Pop. Ao contrário deles, era um asceta, inimigo ferrenho da repetição, restrito ao limite mínimo do fazer. Entretanto, quando Warhol pintou a primeira tela com as garrafas de Coca-Cola, ele foi inteligente o bastante para concluir: "o importante é que são trinta e três garrafas iguais".

A Pop, contudo, se insere ainda no regime da alta modernidade, o frívolo profundo, Warhol, opera na tensão com a grande arte e com a autoria singular. O trabalho, e mesmo suas célebres atitudes *blasés*, só ganham sentido contra a figura dominante do Autor, o criador adâmico, a gerar um inédito atrito público entre a grande arte e o mundo voraz da comunicação social. Tomemos, digamos, Jeff Koons como emblema do contexto artístico contemporâneo. É uma obra inócua, sem conteúdo crítico frente à instituição da arte. Funciona, de fato, à maneira de uma fábrica de moda, desconhece angústia, desencanto, melancolia, é meio bobo-alegre, literalmente. Fica ali, esperta, entre a arte e o design. No plano imaginário, modela sentimentos, vagas aspirações e desejos conspícuos. Enfim, a arte regrediu à condição de simples matéria simbólica da sociedade de consumo e passivamente o cotidiano da indústria do turismo e do entretenimento. Acho que, no momento, ocorre um deslocamento do eixo da autoria enfática para a arquitetura. Os museus ganharam o protagonismo, a obra de arte virou apenas sua matéria prima. O fazer artesanal, que nunca foi crucial para a arte moderna, se desloca também do abstrato ato poético duchampiano para se reinscrever na cadeia de produção da mercadoria. Os trabalhos de Jeff Koons e Damien Hirst mimetizam a lógica do mercado do capital. Se ironizam alguma coisa, ironizam a logística delirante de Wall Street. Tais artistas desistem, se demitem ou, talvez, riam abertamente do nexo autoral caduco na acepção moderna do termo. Daí a necessidade urgente de reflexão sobre o conceito de arte. O nexo de Obra, consecução de uma vida inteira, não era acessório, acidental, ele coincidia com o processo de formação do sujeito estético moderno. A autoria está inevitavelmente ligada ao problema da subjetividade que se encontra em suspenso depois da chamada "Terceira Revolução Industrial". Com os construtivistas, a arte procurava fugir do imaginário subjetivo, compensatório, para se afirmar como Pensamento Social da Forma. Tanto a Espiritualização do Cotidiano da Bauhaus, quanto as transgressões surrealistas e a anti-arte dadaista, e ainda o sublime pictórico do Expressionismo Abstrato, pertencem à dimensão moderna e contemporânea da subjetivação pós-iluminista. Duchamp atua nesse contexto, problemática e produtivamente. Warhol dá um passo adiante, muito mais público, na mesma direção. As manobras de Jeff Koons e Damien Hirst me parecem anódinas, não sabem a nada. Não detém fricção crítica. A persona de Warhol exaltava, de modo ambíguo, a frivolidade. Seus filmes, porém, são ultra-experimentais, são inassistíveis. *Empire* (1964) e *Sleep* (1963) assinalam gestos corrosivos e transgressivos, embora sem o heroísmo inaugural do escândalo dadaísta obviamente conflitam com o mundo estabelecido da arte.

Os arquitetos vêm sendo reinvestidos, graças aos novos museus – as catedrais contemporâneas –, de uma aura de autoria que vai se tornando mais dúbia e hesitante para os artistas. Claro, há uma série de artistas que seguem a trabalhar no regime da autoria e da autonomia, dando continuidade e renovando o espírito aberto da modernidade. Poderíamos citar vários, não é o caso aqui nessa conversa. Porém, o *mainstream* da arte obedece à lógica do design coletivo: ser artista virou, sumariamente, uma profissão dedicada ao decorativismo psicológico ou sociológico. Aliás, o seu avesso também muito em voga, o "denuncismo", não altera nada em substância. O novo artista é sobretudo um "designer de si mesmo" e assim se constitui em modelo público de comportamento. É evidente que me refiro, acima de tudo, ao contexto da vida rica das sociedades liberais. O "design de si mesmo" virou a modalidade dominante de arte. A questão é: em que medida isso determina, ou não, uma nova e inescapável ordem autoral? Eu acho que deveria se pensar e relacionar isso aos processos em curso de subjetivação e não ficar restrito a uma chave moralista. Outra questão: qual a história da arte viável num momento em que toda ideia de progresso e esclarecimento vacila dentro de um mundo que suspeita de todo e qualquer conceito definido? Mas a renúncia ao pensamento e ao juízo crítico dissolve o problema? É verdade que Duchamp talvez replicasse: "Não tem solução porque não tem problema". Mas, a seu tempo, a declaração podia contar ainda com os saudáveis ares paradoxais e conflituosos da ironia romântica. Somente a ojeriza que sofro por toda espécie de nostalgia talvez me impeça de exclamar: bons tempos! •

Desvio-Criti

# Desvio-Crítica

## Notas sobre o agir

OTAVIO LEONIDIO

**Otavio Leonidio** é arquiteto, urbanista, doutor em história e Professor Doutor da Graduação e do Programa de Pós-Graduação do Departamento de Arquitetura e Urbanismo da PUC-Rio. Além disso, é Professor colaborador do Programa de Pós-Graduação em História Social da Cultura do Departamento de História da PUC-Rio.

## 1.

Começo com o famoso ensaio de Roland Barthes sobre a morte do autor – ou, mais precisamente, com uma de suas questões centrais: *quem age no fazer artístico?*

Assim como o Foucault de "O que é um autor?",[I] Barthes estava às voltas, naquele final de anos sessenta, com o problema do elo entre, de um lado, o significado da obra literária e, de outro, as intenções de seu autor. O conceito de "oeuvre" (quer dizer o corpus mais ou menos coerente de uma produção que, alegadamente, traz a marca biográfica do autor) é por isso mesmo essencial em sua análise. Mas suas teses não dizem respeito apenas à inconsistência da noção moderna de obra; dizem também respeito à impossibilidade do próprio autor – quer dizer alguém que, parafraseando Foucault, é o princípio de agrupamento da obra, unidade e origem de suas significações, foco de suas coerências.[II] Nas palavras de Barthes (que, assim como Foucault, repercute aqui as ideias originais de J. L. Austin e John Searle sobre ação e intencionalidade), não apenas "a enunciação não tem nenhum conteúdo senão que o ato pelo qual ele se profere", como também o sujeito, ele próprio, é vazio "fora da enunciação que o define".[III] Ou seja, se para Barthes ainda cabe falar em autor, este só pode ser um autor *em ato* – vale dizer um autor/agente que existe e só existe quando e enquanto pronuncia seus atos de fala, seus enunciados performativos.[IV] Coerentemente, se ainda cabe falar em intencionalidade, ela não é mais a intencionalidade do sujeito que concebe e antecipa (e, nesse sentido, projeta) uma ação, senão a intencionalidade da ação ela mesma.[V]

## 2.

Mais do que qualquer artista contemporâneo brasileiro antes dela, Lygia Clark viveu intensamente a crise contemporânea da autoria. E a resposta que deu a essa crise se transformou no dispositivo central de sua obra: a noção de participação. Como afirmou o crítico e curador Guy Brett, o pioneirismo e o protagonismo da obra de Clark no cenário da arte contemporânea, ao lado de nomes consagrados do Minimalismo, Pós-Minimalismo e Conceitualismo, radica precisamente no papel central que a brasileira dá ao participante. Nas palavras de Brett,

*[...] a renovação por Lygia [Clark] do conceito 'canibalesco' atuou de maneiras extremamente importantes e sutis para distinguir o seu trabalho do trabalho de muitos dos seus contemporâneos nas artes visuais na Europa e na América do Norte, com que ela tinha alguns pontos em comum em termos formais. A sua proposta da 'incorporação' do objeto pelo espectador deu-lhe uma posição conceitual radicalmente diferente, tanto da escultura avant-garde que emergiu nos anos 60, como da body art posterior, apesar de que Ly-*

*gia pode ser considerada como uma inovadora em termos puramente escultóricos, tal como pode ser considerada como uma pioneira do 'retorno ao corpo', muitas vezes descrito como uma das características mais marcadas da arte recente. Por exemplo, a obra de borracha de Lygia Clark,* Obra mole, *antecipou em vários anos algumas obras como as esculturas de feltro mole de Robert Morris e a* Rosa Esman's Piece, *em borracha, de Richard Serra (um fato desconhecido pela história da arte europeia e americana). As suas* Máscaras abismo *têm paralelos a um nível formal com os pesos pendurados em redes de Eva Hesse, como a escultura* Sem título, *de 1966, mas as diferenças são óbvias. As peças de Morris, de Serra e de Hesse são objetos para a vista. As de Lygia Clark não tem existência nem significado sem o suporte e a manipulação do ser humano.*[VI]

O modo como Clark descreve sua guinada rumo à participação explicita o protagonismo que, em dado momento, a noção passa a ocupar em sua obra:

*Caminhando é o nome que dei à minha última proposição. A partir daí, atribuo uma importância absoluta ao ato imanente, realizado pelo participante. O caminhando tem todas as possibilidades ligadas à ação em si [...] A obra é o seu ato [...] Em sendo a obra o ato de fazer a própria obra, você e ela tornam-se totalmente indissociáveis.*[VII]

## 3.

O compromisso com a participação não é um desvio indolor para Clark – muito pelo contrário. A transferência do ato criador desde a consciência da artista até as mãos do espectador constitui, de fato, uma típica retórica da perda. Nos textos que escreveu nas décadas de 1960 e 70, Clark deixa claro como é recorrente o conflito entre, de um lado, o desejo de ceder, e de outro, a dor da perda da autoria. Assim, se em carta a Hélio Oiticica, datada de 14 de novembro de 1968, Clark trata da transferência da autoria como uma "realização",[1] em "Da supressão do objeto",[2] de 1975 (texto em que trata uma vez mais do "artista que perde a autoria da obra" e se dissolve no coletivo) o que sobressai são também as vicissitudes que essa perda implica:

*Sinto-me sem categoria, onde é meu lugar no mundo? Tomo horror a ser catalizadora de minhas proposições. Quero que as pessoas as vivam e introjetem o seu próprio mito independente de mim [...] Divido a proposição e aceito a invenção do outro [...] Pensamento mudo, o se calar, a consciência de outras realidades, do*

1. "Perco cada dia mais minha personalidade aparente, entro no coletivo buscando um diálogo e me realizando ainda através do espectador" (CLARK, Lygia. Carta a Hélio Oiticica, 14 nov., 1968. In: FIGUEIREDO, Luciano (org.). *Lygia Clark - Hélio Oiticica. Cartas,* 1964-1974. Rio de Janeiro: Editora UFRJ, 1996, p.86).

2. Creio que Clark vai além de Ferreira Goulart, cuja teoria do não objeto é essencialmente objetual.

*meu egocentrismo que de tão grande me faz dar tudo ao outro, até a autoria da obra.*[VIII]

## 4.

Outro protagonista da arte dos anos 1960, o norte-americano Frank Stella, trata do tema da autoria de modo radicalmente distinto. Em vez da preocupação com o ocaso da categoria "autor", Stella se ocupa do perfil da ação que produz arte. Em lugar das preocupações metafísicas de Clark, Stella é movido por indagações eminentemente pragmáticas. Em vez de "quem age no fazer artístico?", sua questão é "como agir?". Em vez do ser, o fazer.

O modo como Stella descreve essa motivação fundadora de seu agir na arte é de uma trivialidade desconcertante. Seu problema se resume, literalmente, a definir um modo satisfatório (o modo não satisfatório sendo o que ele e Donald Judd denominaram o modo de agir relacional ou compositivo, sintetizado na formula "você faz algo num canto da tela e depois contrabalança isso com algo no outro canto da tela")[IX] de transpor a tinta da lata até a superfície da tela:

*I knew a wise guy who used to make fun of my painting, but he didn't like the Abstract Expressionists either. He said they would be good painters if they could only keep the paint as good as it is in the can. And that's what I tried to do. I tried to keep the paint as good as it was in the can.*[X]

Com seu tom prosaico e algo gaiato, o relato diz muito do estado de espírito e da motivação de Stella e de seus pares minimalistas. Se artistas como Clark eram atormentados por dilemas transcendentais (subsumidos no problema do ocaso da categoria transcendental do "autor"), ele – e Donald Judd e Lucy Lippard e Yvonne Reiner e Robert Morris e mais uma infinidade de artistas minimalistas e pós-minimalistas – estavam apenas em busca de uma alternativa aos modos consagrados de agir no espaço da arte.[XI] E se havia algo que Stella não estava disposto a fazer era seguir agindo *convencionalmente*. Stella deixou isso claro quando descreveu aquilo que *não* estava disposto a fazer toda vez que, munido de um pincel e tendo à mão uma lata de tinta, se postasse diante de uma tela em branco:

*Well, you have a brush and you've got paint on the brush, and you ask yourself why you're doing whatever it is you're doing, what inflection you're actually going to make with the brush and with the paint that's on the end of the brush. It's like handwriting. And I found out that I just didn't have anything to say in those terms. I didn't want to make variations; I didn't want to record a path. I wanted to get the paint out of the can and onto the canvas.*[XII]

Algumas das coisas mais instigantes e inspiradoras (politicamente inspiradoras também) feitas no domínio da arte dos anos 1960 até hoje não é apenas uma resposta a esta pergunta minimalista essencial – como *agir?*. É também um desdobramento da crença de que, como afirmou Stella no início dos anos 1960, "there had to be a better way".[XIII]

5.

A resposta que Stella deu a essa pergunta e a essa crença foi sintetizada na fórmula que, não por acaso, se transformou na marca registrada da arte minimalista: em vez de relacionar partes, a melhor maneira de agir no domínio da arte era restringir-se a colocar "uma coisa depois da outra". E foi em sua esteira que vieram outros tantos "verbos de ação"[XIV] da arte pós-minimalista, por exemplo parasitar, acumular, duplicar, repetir, copiar, apropriar, plagiar.

Poucos trabalhos sintetizam tão bem e com tanto didatismo essa motivação minimalista e pós-minimalista primordial (ou, por outra, essa indisposição a seguir agindo conforme os modos tradicionais de agir nos espaços da arte, em especial o axioma vanguardista da ação original) quanto "Notas sobre o movimento" de Vito Acconci. O trabalho é o registro das indagações/inquietações de um agente que, perplexo, está à procura e à espera de justificativas para se mover (aqui divididas entre "razões para se mover" e "razões para não se mover"). Não por acaso, "Notas sobre o movimento" pode também ser lido como uma resposta à famosa passagem de John Locke (citada por

Donald Judd em seu célebre ensaio *Specific Objects*, de 1965) sobre as motivações subjacentes a qualquer nova ação: *The motive to change is always some uneasiness: nothing setting us upon the change of state, or upon any new action, but some uneasiness.*

6.

A busca por um modo alternativo de agir não ficou restrita ao mundo da arte. Embora marginal (por força de uma positividade estrutural que, diferentemente do que ocorre no universo da arte, é desde sempre um dos traços distintivos da arquitetura), ela também se manifestou no território da arquitetura. Nenhum arquiteto foi mais longe nesse desvio quanto Peter Eisenman.

Assim como os artistas minimalistas e pós-minimalistas (de cuja produção Eisenman foi um observador atento e de primeiríssima hora), Eisenman nunca esteve confortável com o modelo de ação inerente à noção moderna de projeto.[XV] Ele tinha boas razões para isso. Afinal, como advertiu,

*tudo que conseguimos fazer como humanos é desenhar eixos e lugares, eu tento me manter suspenso entre o mecanismo e minhas próprias respostas subjetivas, de modo que eu não possa definir criticamente quais são seus erros em termos da trajetória total do trabalho.*[XVI]

Dois aspectos se destacam na fala de Eisenman. O primeiro, a ideia de que, como "humanos" (e, a ser considerado o extenso conjunto de seus escritos, por "humano" devemos entender a racionalidade e subjetividade que emergem com o humanismo renascentista e que subsistem por todo o modernismo[XVII] somos incapazes de fazer outra coisa que não desenhar eixos e lugares. Segundo, e o que é ainda mais importante, a ideia de que a precondição para superar essa limitação estrutural (espécie de segunda natureza do projetista "humanista") é a instituição de um "mecanismo" projetual alternativo – um contra-mecanismo capaz de impedir que o arquiteto/projetista conduza criticamente a "trajetória total do trabalho". A reversão é radical: em vez do "eu posso" crítico/moderno, Eisenman procura a condição de um sujeito que não pode. Que não pode porque não quer. Que não quer porque não deve. Não mais.

## 7.

De um ponto de vista crítico, o desvio que Eisenman propõe não faz muito sentido: por que, afinal, imobilizar uma consciência e um juízo críticos que constituem a condição mesma da ação projetual moderna?

E no entanto, tomado no contexto das práticas artísticas surgidas nos anos 1960 e 70 (e, além delas, de uma condição epistemológica e existencial forjada por bombas atômicas e câmaras de gás), o programa de Eisenman é tudo menos incongruente. Trata-se, como no caso da arte minimalista e pós-minimalista, da adoção de dispositivos de auto-imobilização, auto-purgação, auto-constrangimento – da incorporação ao fazer projetual daquilo que os performers chamam de "programa" ou partitura (*score*) e que Eisenman denominou idiossincraticamente o "diagrama".

Esta não é a ocasião para esmiuçar o diagrama eisenmaniano.[XVIII] Mas, como destaquei em outra ocasião, se há algo a ser destacado sobre esse dispositivo, é isto: em oposição à extensa e variada tradição de diagramas que compõem a história da arquitetura pós-renascentista, o diagrama eisenmaniano não é um instrumento de continuidade na "trajetória total do trabalho" – ou seja, um instrumento destinado por princípio a conduzir, continua e coerentemente, as (inicialmente disformes)[3] intenções do projetista, até o momento em que se transformem em formas e espaços arquitetônicos. Muito ao contrário, é um instrumento de descontinuidade, um dispositivo cuja função é separar, apartar, isolar as intenções do projetista, impedir que elas predeterminem a forma arquitetônica. É, por isso mesmo – de acordo com o vocabulário de Eisenman –, um elemento "transformador": sua função é transformar a intencionalidades autoral em "meta-intencionalidade", quer dizer uma intencio-

3. E se Eisenman rejeita o procedimento tipológico é exatamente por isto: o tipo antecede a circunstância e a contingência de qualquer projeto, que se transforma sempre em atualização de uma preexistência.

nalidade que, de algum modo, não coincide com as intenções subjetivas do projetista.[XIX]

## 8.

Vou concluir citando dois arquitetos que, de maneiras muito diversas, participam desse desvio em direção a uma outra condição projetual: Sérgio Ferro e Rem Koolhaas.

O caso de Ferro é especialmente interessante, pois seu desvio também inclui a tentativa de desarticulação de um dos dispositivos centrais do aparato projetual moderno, o desenho – no caso, o desenho técnico. E, assim como Eisenman, Ferro também julga ter razões de sobra para isso; está convencido (e com razão) de que o advento do desenho técnico moderno (em especial, a partir do advento da geometria descritiva) foi crucial para o processo de alienação posto em prática na empresa construtiva moderna; que, em última instância, o que esse dispositivo pressupõe e produz é uma "estética da separação"; que, mais do que qualquer outra coisa, o desenho de arquitetura é uma máquina de violência. Donde seu inegável caráter ideológico: mais do que um instrumento técnico a serviço do autor-criador moderno; o desenho é um dispositivo a serviço de uma classe e de seu agente específico (o arquiteto burguês), o agente que, por meio do desenho, subjuga os coletivos de atores que, até o

Renascimento, compartilhavam a experiência coletiva e não-autoral do canteiro de obras medieval.

Ao denunciar a suposta neutralidade do desenho no processo de produção arquitetônica, ao expor seu DNA ideológico, Ferro não pretende propriamente imobilizar o projetista moderno (não de todo, pelo menos); quer apenas colocar limites à sua atuação e à violência que, pela força do desenho, se opera no canteiro de obras. Não se trata portanto de uma imobilização integral do autor e de suas escolhas projetuais/estéticas (quem conhece a obra de Ferro sabe que há ali, claramente, uma pesquisa formal, que nada ali se aproxima do desenho participativo de Lucien Kroll, ou do desenho aberto de Alejandro Aravena, ou do sem desenho de Lacaton & Vassal). O que há, sim, é o compromisso em preservar e expor – didática, instrutivamente – aquilo que pode e deve ser preservado do canteiro burguês: a marca das operações manuais operadas pelo operário no canteiro. Donde o princípio formal/construtivo fundamental do canteiro de Sérgio Ferro: o interdito ao revestimento. Se violência houve, que ela ao menos seja reconhecível.

# 9.

Em termos ideológicos, a operação de Koolhaas não poderia ser mais diversa. Se para Sérgio Ferro "só se projeta contra" (para lançar mão da fórmula de Argan),[4] Koolhaas parece acreditar que, muitas vezes, o oposto é verdadeiro. Não apenas porque resistir aos imperativos e conexões sistêmicas da sociedade moderna capitalista talvez seja descabido (como sugeriu Habermas),[5] ou porque, não obstante o protesto gene-

4. "[...] contra a especulação imobiliária e as leis ou as autoridades que a protege; contra a exploração do homem pelo homem; contra a mecanização da existência; contra a inércia do hábito e do costume; contra os tabus e as superstições; contra a agressão dos violentos; contra a adversidade das forças naturais; sobretudo projeta-se contra a resignação ao imprevisível, ao acaso, à desordem, aos golpes cegos dos acontecimentos, ao destino [...] projeta-se para a revolução, contra todo o tipo de conservadorismo" (ARGAN, Giulio Carlo. Projeto e destino. In: ____. *Projeto e destino*. São Paulo: Ática, 2000, p.53).

5. "A utopia de uma forma de vida pré-concebida, que já inspirara os projetos de Owen e Fourier, não se pôde encher de vida. E isto não apenas por causa da apreciação irremediavelmente subestimada da multiplicidade, complexidade e mutabilidade dos modernos mundos da vida, mas também porque as sociedades modernizadas, com suas conexões sistêmicas, excedem a dimensão que a fantasia do planejador acaso pudesse medir. As manifestações hoje evidentes de crise na arquitetura moderna remontam menos a uma crise dela própria e, mais, ao fato de que ela se deixou voluntariamente sobrecarregar. [...] Os problemas do planejamento urbano não são primariamente de organização espacial, mas de insuficiência gestionária, de represamento e orientação de imperativos sistêmicos anônimos, que interferem nos mundos da vida citadinos e ameaçam-lhes consumir a substância urbana" (HABERMAS, Jurgen. "Arquitetura moderna e pós-moderna", *Novos Estudos CEBRAP*, n. 18, setembro 1987, p.122).

ralizado do métier arquitetônico contra cidades anódinas e sem caráter, ele desconfie que *"maybe in truth these cities that we have are desired. Maybe their very characterlessness provides the best context for living"*. Koolhaas parece acreditar que o oposto é verdadeiro porque, como disse certa vez, ao refutar a cidade capitalista moderna arquitetxs descartam também a possibilidade de um *"rendez-vous with the sublime"*[XX] – um sublime que, em meio ao caos e à feiura, em Laos ou Bombaim, está pronto a emergir.

Bem, como se sabe, esse tipo de argumento rendeu a Koolhaas a fama de ser o mais cínico dos arquitetos contemporâneos, o mais infame entre os mais famosos.

Mas há algo mais interessante e bem menos óbvio na atitude de Koolhaas – a saber, a disposição em contestar o preceito naturalizado de que a arquitetura deve ser sempre interventora e transformadora – em suas palavras, o fato de a profissão tomar a "combinação de intervenção, mudança, execução e ação como base para a prática, deixando a abstinência, a observação e a reflexão à margem".[XXI]

A ideia de uma arquitetura da abstinência parece de fato negar a própria noção convencional de arquitetura, tacitamente definida – para o bem e para o mal – como ação transformadora e interventora. O tema foi abordado por Koolhaas inúmeras vezes, e como sempre de maneira provocadora:

*Architecture has been defined in terms of one activity,*

*and that activity is adding to the world. A few years ago I realized the profession was as if lobotomized — it was stuck conceiving of itself only in terms of adding things and not in terms of taking away or erasing things. The same intelligence for adding ought to also deal with its debris. It's a very depressing phenomenon that we can deal with decaying conditions in the city only by inventing weak attempts to restore them or to declare them historical. It would be much more powerful and creative to use other tactics, such as taking away something and then building something entirely new. One of the ambitions of* S,M,L,XL *is to extend the repertoire, which also includes, for instance, not doing anything, or asking somebody else to do something — both of which are, curiously, things that an architect never does. Maybe because they're not overly appealing options from a business perspective.*[XXII]

A postura de Koolhaas parece, uma vez mais, simplesmente cínica: do ponto de vista de uma atávica disposição interventora (e mais ainda, reformadora), não agir não significa outra coisa senão endossar o *laisser faire* que, em tempos de neoliberalismo recalcitrante, só pode gerar exclusão, expropriação, violência.

E no entanto, as coisas podem ser mais complexas. Afinal, basta olhar ao redor para constatar que, muitas vezes, a ação interventora é mais danosa do que a inação – sobretudo quando a ação vem adornada pelo (supostamente neutro) "discurso re-".[XXIII] O argumento de Koolhaas a esse respeito é irrefutável: "Restaurar, reconfigurar, recombinar, renovar, reformar, rever, recuperar, redesenhar, retornar – os mármores do Parthenon – refazer, respeitar, rentabilizar: os verbos que começam por 're' produzem espaço-lixo".[XXIV]

Diante dessa constatação, Koolhaas fez mais do que impor limites à sua atuação de projetista; incorporou ao domínio (e ao ethos) do projeto de arquitetura e de urbanismo aquilo que, por princípio, o próprio conceito moderno de projeto quer excluir: a evidência de que, como se diz em Inglês, *shit happens* – um *happens*, repare-se, que é um ocorrer sem agente ou, conforme a gramática, uma ação sem sujeito.

E foi exatamente isso que ele fez em seu projeto para a Ville Nouvelle de Melun-Sénart: depois de definir o escopo e o perfil de sua intervenção, Koolhaas simplesmente declarou que:

*'The rest we will surrender to chaos.' We will abandon the residue – the terrains around and between the Chinese figure – to what the French call* merde *– to the average-contemporary-everyday ugliness of current European-American-Japanese architecture, and generate, through that ugliness, a potentially sublime contrast between the empty areas of the site – those we had protected from building–and the uncontrollable, almost cancerous chaotic growth of the city as a whole.*[XXV]

Soa cínico? Sem dúvida – sobretudo do ponto de vista de uma profissão que, historicamente, se definiu como uma ação voltada para banir o caos.

Mas aqui, precisamente, o caráter crítico de Koolhaas se revela e se impõe. Porque mais do que qualquer arquiteto contemporâneo, Koolhaas sempre se demonstrou disposto a fazer aquilo que arquiteto nenhum se dispõe a fazer: endereçar seu aparato crítico contra a própria arquitetura – vale dizer a arquitetura definida como condição mesma (como condição ontológica) do habitar o mundo humano.

A esse postulado fundamental, Koolhaas sempre respondeu com um descompromisso e um desengajamento ultrajantes. Não apenas afirmando que, diferentemente de seus pares, "posso fazer arquitetura como um jornalista"[XXVI] (e isso justamente porque "uma das coisas mais interessantes do jornalismo é ser uma profissão sem disciplina"),[XXVI] mas sobretudo constatando (para horror de seus pares) que:

*People can inhabit anything. And they can be miserable in anything and ecstatic in anything. More and more I think that architecture has nothing to do with it. Of course, that's both liberating and alarming. But the generic city, the general urban condition, is happening everywhere, and just the fact that it occurs in such enormous quantities must mean that it's habitable.*[XXVII]

Talvez seja essa, mais do que qualquer outra, a razão de Koolhaas ser tão atacado e sobretudo tão mal lido por críticos e arquitetos: não tanto por seu suposto cinismo, mas por seu inaceitável desapego para com uma prática que, desde o Renascimento, manteve inabalável sua confiança tanto em sua especificidade quanto em sua necessidade.

E por surpreendente que pareça, a resposta de Koolhaas a essas críticas foi menos um protesto do que uma surpresa. Afinal, como ele mesmo reconheceu,

*I'm involved with how "everything" changes in ways that are often radically at odds with the core values of architecture. In spite of its apparent success, I see "Architecture" as an endangered brand, and I'm trying to reposition it. To me, it is ironic that the (I would almost use the word 'innocent') core of our activity – to reinvent a plausible relationship between the formal and the social – is so invisible behind the assumption of my cynicism, my alleged lack of criticality, our apparent never-ending surrender.*[XXVIII]

O que o protesto de Koolhaas sugere, me parece, é isto: assim como a arte moderna, a arquitetura moderna se caracteriza por uma auto-reflexividade que, dentre outras coisas, atribui às práticas mais inquietas a missão de testar os limites e empurrar as fronteiras da disciplina. E no entanto, diferentemente da arte moderna, o limite dessa auto-reflexividade, e da criticidade que ela traz consigo, é um compromisso inegociável com uma preservação ontológica da arquitetura. De uma arquitetura definida como condição mesma do habitar humano do mundo. Uma arquitetura que sempre repelirá, e energicamente, a não-arquitetura. •

I. FOUCAULT, Michel. Qu'est-ce qu'un auteur? [1969] *Littoral*, N.9 — La discursivité, juin. 1983, p. 3-32.

II. FOUCAULT, Michel. *Ordem do Discurso*. Rio de Janeiro: Loyola, 2000.

III. BARTHES, Roland. La mort de l'auteur. In: ___. *Le Bruissement de la langue*. Paris: Le Seuil, 1984, p. 63-64.

IV. AUSTIN, J. L. *How to do things with words*. Oxford: At the Clarendon Press, 1962.

V. SKINNER, Quentin. Motives, intentions and the interpretations of texts. *New Literary History*, Vol. 3, No. 2, On Interpretation: I (Winter, 1972), p. 393- 408.

VI. BRETT, Guy. Lygia Clark: seis células. In: CLARK, Lygia. *Lygia Clark*. Barcelona: Fundació Antoni Tàpies, 1998, p. 22-23.

VII. CLARK, Lygia. Caminhando (1963). In: ___. *Lygia Clark*. Barcelona: Fundació Antoni Tàpies, 1998.

VIII. CLARK, Lygia. Da supressão do objeto. In: ___. *Lygia Clark*. Barcelona: Fundació Antoni Tàpies, 1998.

IX. STELLA, Frank. Questions to Stella and Judd. In: BATTCOCK, Gregory (ed.). *Minimal art: a critical anthology*. Berkeley, Los Angeles and London: University of California Press, 1995, p. 149.

X. STELLA, Frank. Questions to Stella and Judd. In: BATTCOCK, Gregory (ed.). *Minimal art: a critical anthology*. Berkeley, Los Angeles and London: University of California Press, 1995.

XI. STEINBERG, Leo. Other criteria. In: ___. *Other criteria with Twentieth-Century art*. Oxford: Oxford University Press, 1972.

XII. STELLA, Frank. Questions to Stella and Judd. In: BATTCOCK, Gregory (ed.). *Minimal art: a critical anthology*. Berkeley, Los Angeles and London: University of California Press, 1995, p. 157.

XIII. STELLA, Frank. The Pratt Lecture. In: ___. *Black Aluminium Copper* (Exhibition Catalog). New York: L&M Arts, 2012, p. 77.

XIV. LEONIDIO, Otavio. Mundos de ação: arte e arquitetura depois da política, *Viso: Cadernos de estética aplicada*, v. 14, nº 26 (jan-jun/2020), p. 366-440.

XV. LEONIDIO, Otavio. Mundos de ação: arte e arquitetura depois da política", Viso: *Cadernos de estética aplicada*, v. 14, nº 26 (jan-jun/2020), p. 366-440.

XVI. EISENMAN, Peter. A conversation with Peter Eisenman. *El Croquis*, n. 83. Madrid: 1997, p. 13.

XVII. EISENMAN, Peter. *O fim do clássico, o fim do começo, o fim do fim*. In: NESBITT, Kate. *Uma nova agenda para a arquitetura. Antologia teórica (1965-1995)*. São Paulo: CosacNaify, 2006.

XVIII. SOMOL, Robert E. *Dummy Text, or The Diagrammatic Basis of Contemporary Architecture*. Risco n.5, jan. 2007, p. 168-178.

XIX. LEONIDIO, Otavio. *Mundos de ação: arte e arquitetura depois da política, Viso: Cadernos de estética aplicada*, v. 14, nº 26 (jan-jun/2020).

XX. KOOLHAAS, Rem. *What Ever Happened to Urbanism?*. In: KOOLHAAS, Rem and MAU, Bruce. *S,M,L,XL*. New York: The Monacelli Press, 1995.

XXI. EISENMAN, Peter & KOOLHAAS, Rem. *Supercrítico*. São Paulo: CosacNaify, 2013, p. 27.

XXII. KOOLHAAS, Rem. *From Bauhaus to Koolhaas*. Wired, julho 1996.

XXIII. ADORNES, Luisa Xavier. *Discurso de uma intervenção*. In: LEONIDIO, Otavio. *Arquitetura, digo não-arquitetura. Revista Prumo*, v.2, n.2, Rio de Janeiro, jan. 2017.

XXIV. KOOLHAAS, Rem. *Junkspace*. Londres: Notting Hill Editions, 2016.

XXV. KOOLHAAS, Rem. Ville Nouvelle Melun-Sénart. In: *O.M.A. at MoMA : Rem Koolhaas and the place of public architecture* (Exhibition Catalog. Exhibition: Nov. 3, 1994-Jan. 31, 1995, The Museum of Modern Art, New York.

XXVI. EISENMAN, Peter & KOOLHAAS, Rem. *Supercrítico*. São Paulo: CosacNaify, 2013, p. 56-57.

XXVII. EISENMAN, Peter & KOOLHAAS, Rem. *Supercrítico*. São Paulo: CosacNaify, 2013, p. 24.

XXVIII. KOOLHAAS, Rem. *From Bauhaus to Koolhaas. Wired*, julho 1996.

XXIX. KOOLHAS, apud FOSTER, Hal. *Architecture and empire*. In: ____. *Design and crime (and other diatribes)*. London / New York: Verso, 2003.

dade-
Co mplex
Memó
dade-

# Complexidade-Memória

## Experiências do tempo

FABIOLA DO VALLE ZONNO

emória

**Fabiola do Valle Zonno** é arquiteta, urbanista e Professora Doutora da Graduação, do Mestrado Profissional em Projeto e Patrimônio e do Programa de Pós-Graduação em Arquitetura da Faculdade de Arquitetura e Urbanismo da Universidade Federal do Rio de Janeiro onde coordena o grupo de pesquisa "Entre Arte, Arquitetura e Paisagem – Teoria e Crítica da complexidade contemporânea".

A relação com o preexistente como desafio de projeto, de princípio, coloca a questão sobre a autoria na constituição da paisagem como compartilhada ao longo do tempo. A condição contemporânea de nossa experiência urbana, em constante transformação material e de sentidos, e na relação com os estratos fragmentários do tempo, apresenta-se como trama complexa e labiríntica, desafiando o pensamento daqueles que ali venham intervir. É esta condição – plural e instável, carregada de ambiguidade e paradoxo, complexa no campo do conhecimento, que temos investigado como caminhos poéticos na ação de artistas/arquitetos. E, pensando a singularidade e a diferença, questionamos como ações e intervenções contemporâneas consideram as relações temporais materializadas na paisagem, muitas vezes em tensão, como oportunidade para expor e suscitar múltiplas camadas de significado; como se processam a partir da policronia, coexistência virtual temporal que é campo da criação, mas que se furta a qualquer tentativa de entendimento total.

A identificação da paisagem à intertextualidade levou tanto ao debate sobre o significado no que se refere à memória dos lugares em sua dimensão coletiva materializada na arquitetura da cidade, como à crítica sobre o lugar do Autor. Se a paisagem é como um conjunto de textos (de diferentes tempos) justapostos, continuamente produzidos e interpretados por indivíduos e coletividades, e a compreensão da intertextualidade pressupõe a ideia de influência de um texto sobre outro, a questão do significado se impõe como problema. Michel Foucault,[V] em *A ordem do discurso* de 1970 apresenta o Autor como “princípio do agrupamento do discurso, como unidade, origem de suas significações, como foco de coerência”, defendendo a ideia de inversão do papel positivo do autor, da disciplina e da vontade de verdade que tentam impor ordem a um mundo em movimento. A história tradicional das ideias construiu as noções de significação, originalidade, unidade de obras, épocas, temas, mas os discursos devem ser tratados como “práticas descontínuas”, pois que, como afirma em *Arqueologia do Saber*[II] de 1969, a formação discursiva não é uma totalidade, mas uma distribuição de lacunas, vazios, de limites, de recortes e o mundo não se apresenta de modo legível.

Na hipótese de que a paisagem se instaura como um campo de forças, uma postura em defesa de um discurso único, fundacional e permanente seria o contrário de um pensamento da complexidade, que pressupõe pensar a relação com o contexto, considerando diferentes vozes como parte de um jogo de significações que se altera permanentemente.[III] Assim, o problema da criação se distancia da ideia do Autor como capaz de dar ou reconhecer coerência ou ordem às relações temporais, do Autor como criador de novas formas evocativas de sentidos permanentes e o lança ao desafio de atuar no dispositivo contemporâneo, em meio aos fluxos do tempo e dos sensíveis na paisagem.

Vivemos uma profunda mudança em nossa percepção e sensibilidade em relação ao tempo, diante da qual, na relação com passados presentes, Andreas Huyssen[IV] defende uma necessária a "desaceleração" e a valorização de um "tempo de qualidade", a ser investido em uma dimensão pública e de debate sobre a memória. No campo das artes, sobretudo a partir dos anos 1990, como observa Katia Canton,[V] a memória foi compreendida como "agente de resistência" diante do "perigo do tempo raso", da sensação de atemporalidade causada pelo excesso de estímulos e informações de nossa condição contemporânea, propondo regimes de percepção que atribuem densidade ao tempo. Em arquitetura, a discussão se enriquece a partir da investigação das demais artes. Questionamos como as criações contemporâneas, reconhecendo a subjetividade implicada nos afectos produzidos em meio à paisagem contemporânea, em condição de fragmentação e colagem, podem expor a espessura do tempo como emaranhado complexo. Apresentamos trabalhos ligados à indicialidade, imagem poética e imagem dialética, traçando fios a partir dos sentidos de melancolia, futuros abandonados, estranhamento e choque, que nos colocam frente ao tema da memória e da autoria na perspectiva da complexidade.

## A criação artística como complexidade, tempo e memória dos lugares

Na relação com os tempos dos lugares emerge a pergunta sobre como tratar passados presentes e ausentes, se e como valorizar o existente, pensar ações/intervenções no palimpsesto que constitui nossas cidades como parte de um processo em constante transformação – material e de sentidos.

Já em *Presente y Futuros: arquitetura em las ciudades*,[VI] de 1996, Ignasi Solà-Morales apontava uma necessária visão da condição contemporânea a partir de mutações, uma visão de lugar a partir de energias atuais, não só no campo do que é construído, mas como parte de ações urbanas, de modo conciliável com a memória, a experiência cultural das grandes cidades: "Somente uma igual atenção aos valores tanto da inovação como da memória e da ausência, são capazes de manter viva a confiança em uma vida urbana complexa e plural". Artistas desencantados da "vida nervosa" das cidades reconhecem *"terrain vagues"* – áreas abandonadas, espaços residuais, lacunas e apagamentos, para eles espaços de liberdade, lugares de encontro entre passado e futuro – "formas da ausência" que espelham a condição de subjetividades deslocadas. Ainda acompanhando Solà-Morales,[VII] reconhece-se a memória como vítima do efeito "parque temático" – quando monumentos e ruínas, expostos como turismo de massa, produzem sua "desaparição como objetos ligados a situações e significados concretos" – uma situação de espetacularização.

O desafio do artista e do arquiteto, ao lidar com a memória, é discutir os lugares sem nostalgia, sem a ideia de congelamento ou retorno a uma "origem" (quando o autor teria um papel de dar-lhe coerência), considerando sua ressignificação no presente e, ao mesmo tempo, o valor não só da presença das camadas do tempo como diferenças, mas também lacunas e ausências como inerentes à sua experiência.

Uma visão da urbanidade como "caosmo", "caos criativo de cidades diferenciais", conforme apresenta Sonia Schulz,[VIII] a partir de Deleuze e Guattari, seria a "possibilidade de provocar sensações, desencadear experiências estéticas, a partir de espaços e tempos que se multiplicam em séries de paisagens divergentes". Pensar a cidade não como uma saturação de edifícios autorreferentes de variedade entediante (e genérica), mas como "experimentos" que não só valorizem o contexto urbano, mas também o preexistente.

De modo convergente em *Lugares complexos, poéticas da complexidade – entre arquitetura, arte e paisagem*, pensamos a "complexidade" como fundamento para uma visão de paisagem inclusiva (lógica do "e"), intertextual e como devir, uma paisagem em constante transformação, que acolhe a eventualidade, o padoxo e a incompletude como vias poéticas.[1] "Lugares

1. Conforme desenvolvemos, a complexidade também pode ser colocada

complexos" são criados a partir de "práticas artísticas no campo ampliado da cultura como modo de ação contextual partícipe da conjuntura dos próprios fluxos vivos da paisagem entendida como um dispositivo que reúne passado e presente (e futuro), e que é continuamente reinventado".[IX] A compreensão do termo contexto, do verbo latino *contexo*, que significa entretecer/entrelaçar, aliada ao entendimento diferencial da noção de *site specific*, por Miwon Kwon, nos leva a pensar a ação/intervenção complexa como de sensibilização, possivelmente crítica, da paisagem em suas múltiplas dimensões que se tecem continuamente, assim como co-partícipe de uma trama de sentidos e de reinvenção dos lugares.[X]

A partir desta discussão mais ampla, a questão da memória e da experiência dos tempos da paisagem se coloca, como fluxo de tempo, deslocamento entre tempos. Neste sentido, há que se considerar a relação com o passado não como um fundamento a ser retomado, mas como passados presentes a serem fruídos hoje e a oportunidade meio de caminhos do pensamento imaginativos e críticos. Futuros possíveis hão de estar presentes – como apostas, alternativas, operando nos es-

a partir da relação inter/transdisciplinar em "campo ampliado", conforme Rosalind Krauss, seja na condição de obras que problematizam definições, seja na de reinvenção experimental das disciplinas no sentido de seus processos. *Poéticas da complexidade* são entendidas como diferentes criações do pensamento – reconhecidas suas singularidades a se provocarem produtivamente (ZONNO, F. V. *Lugares complexos, poéticas da complexidade*. Rio de Janeiro: FGV, 2014).

paços pré-existentes e a partir deles, não para sugerir uma unidade da paisagem ou dos significados, mas para afirmar seu caráter diferencial e complexo.

Solà-Morales, em texto de 1987, discute a necessidade de arquitetura contemporânea se pensar não a partir de uma referência fixa e normativa, mas fragmentária e periférica partindo da ontologia "fraca" de Gianni Vattimo, recolocando o tema da "monumentalidade". Criticando o destino do artístico em uma sociedade de massas, onde inclui a "explosão de museus", a arte é apresentada como uma "reserva de realidade", como experiências pontuais, heterogêneas, quando nossa aproximação ao estético se dá de modo fragmentário e periférico, o que não a exime de ser uma "experiência intensa". Reconhecendo com Foucault a crise de todo pensamento representativo, o autor trata do tempo como diversidade, arqueologia entrecruzada de linguagens, quando arte e arquitetura deveriam ser "frágil presença". Com Eugenio Trias, o autor apresenta a obra de arte como "pequeno momento de intensidade poética e criativa", acontecimento que se produz não a partir de uma organização previsível e linear, mas através de "dobras", "rachaduras". A experiência estética seria como um "acorde", um "vestígio", uma "lembrança": "a noção de monumento que proponho aqui está ligada ao gosto da poesia depois de tê-la lido, o sabor da música depois de tê-la ouvido, a lembrança da arquitetura depois de tê-la visto".[XI]

Horizonte possível é tratar a memória a partir de um viés "fraco", quando o sentido de monumentalidade não guardaria relação com a representação do absoluto e da consistência do tempo, nem com a representação de um valor ideológico, mas assumiria a condição da lembrança – *monitu*.

Ainda acompanhando Solà-Morales, para quem "toda intervenção é sempre um problema de interpretação"[XII] e a criação artística pode ser compreendida como "pro-posta", posição como parte de nossa aproximação com a realidade para produzir experiências, conhecimento, recorte ou hipóteses, a partir da "criatividade interpretativa", um "entendimento rico, agudo e criador de um novo significado da realidade",[XIII] pensamos a relação com a memória. Fruto de poderes e forças em exercício, mutações em descompasso com a memória são evidentes em nossa paisagem: apagamentos intencionais de estruturas do passado privilegiando transformações urbanas, muitas vezes espetaculares, desconsiderando seu potencial de reuso e reinvenção; o patrimônio convertido em objeto de consumo fantasioso; intervenções que desconsideram os significados e valores que são atribuídos na atualidade aos lugares por aqueles que os vivenciam; o não reconhecimento da experiência urbana como plural, diferencial, também na relação com o tempo e o significado dos lugares.

O que significa atuar neste dispositivo? Como pensar o lugar do autor, suas possibilidades de interpretação, pro-posição e ação, buscando problematizar visões absolutas e fechadas e, portanto, não complexas, sobre nossa relação com o passado no contínuo processo de construção da memória e de ressignificação dos lugares, ou ainda da paisagem como devir na relação com o tempo?

## Atuar em um dispositivo: arqueologia, des/dobras

O pensamento da complexidade considera a arqueologia como ação que faz emergir diferentes vozes como parte de um jogo de significações que se altera permanentemente. A partir da perspectiva pós-estruturalista, a paisagem é "intertextual" onde emergem fissuras e ruídos. O artista/arquiteto é ao mesmo tempo intérprete do contexto e criador de novas possibilidades atuando em um dispositivo.

Michel Foucault, em *Arqueologia do saber de 1969*,[XIV] afirma que a *arqueologia* consiste em investigar os discursos enquanto práticas que obedecem a regras, definindo-os em sua especificidade e reconhecendo seu atravessamento em obras individuais – "não é o retorno ao segredo de origem, mas a descrição sistemática de um discurso-objeto". E, nas formações discursivas, reconhece uma "distribuição de lacunas, de vazios, de ausências, de limites, de recortes". Desenvolvendo o tema em 1977, Foucault define o "dispositivo":

*O que coloco sob este nome é, primeiramente, um conjunto decididamente heterogêneo, que compreende discursos, instituições, instalações arquitetônicas, decisões reguladoras, leis, medidas administrativas, enunciados científicos, proposições filosóficas, morais, filantrópicas; em resumo, os elementos do dispositivo pertencem tanto ao dito como ao não dito. O dispositivo é a rede que se pode estabelecer entre estes elementos. [...] por dispositivo entendo uma espécie, digamos, de formação que, em um momento histórico dado, teve como função maior responder a uma urgência. O dispositivo tem, portanto, uma posição estratégica dominante.*[XV]

Como "estratégia", explica Foucault, o dispositivo supõe uma certa manipulação de relação de forças para uma direção concreta ou para bloqueá-las, de modo que ele se inscreve em um jogo de poder, nas bordas do saber, que nascem dele, mas também o condicionam. O conceito de dispositivo é por vezes utilizado pelo autor para fazer referência a instituições como a escola, o hospital, o cárcere ou diretamente a dispositivos arquitetônicos.

Em "O que é um dispositivo", de 1990, Gilles Deleuze interpreta Foucault e define o dispositivo como um "novelo", "conjunto multilinear" de diferentes forças em exercício em que linhas estéticas, científicas e políticas se entrecruzam – "os objetos visíveis, as enunciações formuláveis, as forças em exercício, os sujeitos numa determinada posição, são como vetores ou tensores".

*Os dispositivos têm então como componentes linhas de visibilidade, linhas de enunciação, linhas de força, linhas de subjetivação, linhas de ruptura, fissura, fratura que se cruzam e misturam [...] [e há] produções de subjetividade que escapam dos poderes e saberes de um dispositivo para colocar-se sob os poderes e saberes de outro, em outras formas por nascer.*[XVI]

Deleuze afirma que "pertencemos a certos dispositivos e neles agimos", destacando que, na contemporaneidade, nossa atualidade se desenha em disposições de controle aberto e contínuo, exigindo de nós um posicionamento, que reúne ética e estética, sobre "que modos de subjetivação vemos aparecer hoje".[2] Partindo da questão da ética em Foucault, Deleuze fala sobre maneiras de nos constituirmos como "si", nossos modos de existência, questionando se nossas possibilidades de vida, ou processos de subjetivação, seriam maneiras "artistas". A invenção de novas possibilidades

2. "Dizemos isto, fazemos aquilo; que modo de existência isso implica? [...] São os estilos de vida, sempre implicados, que nos constituem de um jeito ou de outro. [...] o que somos capazes de 'ver' e dizer (no sentido do enunciado)? Mas se nisso há toda uma ética, há também uma estética. O estilo, em um grande escritor, é sempre também um estilo de vida, de nenhum modo algo pessoal, mas a invenção de uma possibilidade de vida, de um modo de existência" (DELEUZE, G. *Conversações*. 3ed. São Paulo: Ed.34, 2017, p. 130).

de vida pressupõe "transpor a linha", "curvar a força", fazer com que ela mesmo se afete como "dobra" "que nos permita resistir, furtar-nos".

Pelbart[XVII] esclarece que, para Deleuze, nossa subjetividade é um perpétuo se-distinguir, se desenvolver a partir de um emaranhado virtual. Esta virtualidade constituída por impressões e imagens, percepções, é um fundo, que é fluxo, em que o sujeito não designa faculdade, princípio de organização, mas o próprio conjunto ou coleção de singularidades. Assim, não há indivíduo acabado como ponto de partida, não são os indivíduos que constituem o mundo, mas os mundos envolvidos que constituem os indivíduos; a subjetividade é uma dobra, envergamento do Fora que cria uma interioridade, em desdobramento.

Considerando a paisagem como um dispositivo, poderíamos colocar a potência da arte/arquitetura para, tecendo-se na complexidade do mesmo, constituir-se como linha de fuga, linha de criatividade, transformando o dispositivo.[XVIII] Neste sentido, o autor intérprete e pro-positor, reconhece sua condição ao mesmo tempo suscetível aos fluxos do sensível e capaz de dobrar as forças, e não pretende afirmar para si uma posição privilegiada ou fundamental, mas importante como agente crítico, capaz de atuar produzindo *perceptos* e *afectos*, campos (inter)subjetivos.

O conceito de dispositivo é aproximado por Deleuze à noção de "máquina" de Raymond Roussel – máquinas de fazer ver e fazer falar (por exemplo, o dispositivo prisão seria uma máquina óptica, para ver sem ser visto). Por outro lado, como parte de um projeto liberatório e experimental agindo nos dispositivos, há máquinas movidas pelo desejo, máquinas criativas. A noção também é tratada por Felix Guattari[XIX] para quem os edifícios e construções de todos os tipos são "máquinas enunciadoras". Os edifícios, as ruas, as cidades "modelizam" focos de subjetivação, como focos de enunciação parcial. Segundo Guattari, uma espécie de "transferência arquitetural" se operaria por meio de afetos estéticos complexos, de um aspecto "pático" semelhante a apreensão de um "clima" e, assim, uma "subjetivação parcial" se aglomera com outros "agenciamentos de subjetivação" que podem trabalhar no sentido de um "esmagamento uniformizador" ou na perspectiva da "re-singularização libertadora da subjetividade individual e coletiva". Nas sociedades de controle, os dispositivos corroboram para um universo de saberes e poderes que circulam nos processos midiáticos de informação e comunicação, quando as subjetividades se encontram implicadas, muitas vezes sujeitadas, à homogeneização dos comportamentos – neste contexto, Guattari[XX] afirma uma ética, uma "resistência das pessoas que reconstroem a sensibilidade".[3] Em *Caosmose, um novo paradigma*

3. "O que posso fazer para construir, reconstruir ao mesmo tempo o mundo e eu mesmo, ao mesmo tempo o mundo dos valores e o mundo das relações? [...] A resistência, nesse momento, não é uma resistência dos

*estético*, Guattari[XXI] defende que os arquitetos, como artistas polissêmicos e polifônicos, deveriam "se engajar quanto ao gênero de subjetividade que ajudam a engendrar"; o componente estético trazido pelo arquiteto é importante no agenciamento de coações funcionais, sociais, econômicas, materiais e de meio ambiente – obras com consistência existencial e força potencial de enunciação, pela via da *singularidade*. Esta estaria relacionada ao reconhecimento de que o humano não é universal, e de que se deve pensar projetos como uma "maiêutica", recolocando o tema das instituições e do inconsciente coletivo para realizar uma espécie de "cartografia multidimensional da subjetividade", buscando apreendê-la de modo transversal, articulando a singularidade do terreno ou do meio ambiente àquela de dimensões existenciais específicas de grupos, isto considerando transformações funcionais e inovações.[XXII]

Magnavita, autor que tem Deleuze e Guattari como interlocutores, apresenta a questão:

*Não seria a cidade uma totalidade fragmentária? No sentido de uma dinâmica processual de multiplicidade e heterogeneidade de elementos em permanente estado*

grupos sociais, é uma resistência das pessoas que reconstroem a sensibilidade através da poesia, da música, pessoas que reconstroem o mundo a partir de uma relação amorosa, através de outros sistemas urbanos, de outros sistemas pedagógicos" (GUATTARI, F. *Guattari: confrontações. Conversas com Kunich Uno e Laymert Garcia dos Santos*. São Paulo: N-1 Edições, 2016, p.121).

*de conexão, promovendo sobreposições, zonas de vizinhança e de exclusão, temporalidades diferentes (antigo e novo), misturas, hibridações, emergência de novos elementos e desaparecimento de outros, e isso, através de imprevisíveis acontecimentos, delineando assim, um devir outro da cidade, frente aos recentes dispositivos midiáticos da informação e comunicação.*[XXIII]

Pensando o tema da memória neste contexto, vemos a possibilidade de "dobra", a partir de uma arqueologia, consideraria os valores e sentidos atribuídos no passado e no presente, revolvendo o que ficou à margem dos discursos e das narrativas da história, considerando os apagamentos e as ausências como parte dos processos de construção memória nos dispositivos. Ao se atuar diretamente ou contiguamente em pré-existências, considerá-las como "dispositivos arquitetônicos", "máquinas enunciadoras" partícipes de outros dispositivos, possivelmente ressignificados e apropriados em um dispositivo atual. E, pensando a singularidade e a criação do novo, não como novidade em si, mas como diferença produzida a partir da virtualidade da memória, a relação com o tempo e a proposição de sua experiência abre infinitas possibilidades. Já a produção de uma cartografia[4] da memó-

4. Em nosso trabalho de extensão "RE-ENCANTADO", realizado no âmbito da FAU-UFRJ/PROARQ, como um coletivo reunindo doutorandos, mestrandos e bolsistas de iniciação artística e cultural, temos experimentado desde 2018, a partir de caminhadas à deriva e registros como escritas poéticas, a produção de cartografias e montagens, como um atlas sobre

ria pressupõe não só uma arqueologia, mas a experiência de abertura ao fluxo do sensível da paisagem e seus tempos, afetando-nos.

Atravessados pela experiência singular das paisagens, já seríamos subjetividades constituídas como dobramentos/desdobramentos das forças dos próprios lugares. Neste sentido, ações artísticas e arquitetônicas podem ser pensadas também como tal, produzindo sensibilizações sobre o tempo e sobre os múltiplos sentidos dos lugares.

Deleuze[XXIV] define que o múltiplo é o que é dobrado de muitas maneiras, sendo a desdobra não o contrário da dobra: desdobrar é aumentar, crescer e dobrar é "entrar no afundamento de um mundo".

Podemos colocar, com Foucault e Deleuze, o intérprete criativo de que nos fala Solà-Morales, antes de tudo como arqueólogo e subjetividade produzida como dobra/desdobra na relação com as forças que a envolvem e assaltada pela força diferenciadora do tempo.

Perspectivas críticas sobre um dispositivo-paisagem podem ser abertas a partir destas atuações, de indivíduos e coletivos, através de criações e intervenções em arte/arquitetura que evidenciem *a experiência do tempo*, questionando o acelerado regime de percepção contemporânea e *a complexidade do campo dos sig-*

a memória do bairro do Encantado no subúrbio carioca, buscando envolver os moradores e propor intervenções artísticas. Este trabalho tem como referência os trabalhos de Jane Rendell, "Stalkers" de Francesco Careri e "Corpocidade" de Paola Berenstein Jacques.

*nificados* e influenciando o modo de constituição das subjetividades.

A criação enquanto processo na relação complexa com a memória possui muitas vias possíveis, dentre as quais apresentaremos, na oportunidade deste artigo, a da indicialidade e a da imagem, enquanto imagem poética, imagem dialética e imagem tempo.

## Tempo, indicialidade e imagem

*Memory is delay/ memory is a fragment/ memory is of the body that passed/ memory is the trace of a wave goodbye made with a slightly clenched fist.*[XXV]

A partir da visão material da arqueologia, o tempo se conserva na paisagem em camadas: fragmentos estão expostos, enterrados ou desapareceram por completo sobrevivendo apenas como lembrança. Consideremos a aproximação entre memória e arqueologia feita por Sigmund Freud a partir da referência a duas cidades: Roma e Pompeia. Como explica Philipe Dubois,[XXVI] a imagem de Pompeia, cidade petrificada é apresentada para tratar da conservação das impressões psíquicas, do recalque – o retorno ou exumação do enterrado, como preservação integral e inalterável do passado como uma única imagem, quase intacta e de estranheza inquietante – *unheimliche*. Já a imagem de Roma é paradoxal, imenso palimpsesto arqueológico: ao mesmo tempo ruína – acúmulo de camadas históricas sedimentadas, estratificadas – e cidade eterna – o sonho da manutenção de tudo em seu lugar, a conservação através do tempo. Restos, ausências, mas também fantasmas. Freud fala ainda de Roma como uma cidade virtual – como um holograma, memórias que seriam como imagem após imagem, fotografias acumuladas.

Estas descrições apontam tanto os sentidos de indício como de imagem: as ruínas como estratos dos tempos, o estranhamento familiar pelo retorno do que foi recalcado e a imaginação[5] poética na relação com a virtualidade do tempo.

Segundo Krauss,[XXVII] na arte que opera através do indicial, a linguagem retorna à imposição direta das coisas e não recorra à consciência humana que opera por trás das formas de representação – deslocando o autor como doador de forma ou de sentido. Nos índices, a dimensão formativa é "fisicamente forçada", o sentido se estabelece através de uma relação física com o referente.

A relação com os indícios do tempo, passagem que deixa rastros e produz materialmente efeitos físicos suscitam uma experiência de qualidades táteis e es-

5. A partir de Sartre, Paul Ricoeur (RICOEUR, P. *A memória, a história, o esquecimento* (2000). Campinas, SP. Editora Unicamp, 2007, p. 67) afirma que é no campo do imaginário que, como um ato mágico, se anula a ausência e a distância do passado e que a composição em imagens é como uma encenação da "lembrança-imagem". A lembrança-imagem em Bergson serviria tanto à imaginação que mostra – "põe debaixo dos olhos" – como à a ficção e a alucinação.

paciais singulares, a exemplo da ruína. Lembramos o artista Robert Smithson, que define "dialética da paisagem" como "dialética material", na qual as coisas são vistas como complexos de relações físicas, sujeitas a transformações promovidas pelo tempo, pela natureza, pelo homem. Em sua poética ficcional[6] e crítica, que aproxima diferentes tempos, há uma sensibilidade para o que é arruinado, ligado ao indicial. E é certo que a própria ruína pode ser explorada como imagem. Retomando Solà-Morales, é uma questão como, em arquitetura, a criação de imagens poéticas pode explorar a memória de modo mais fraco, provocando des/dobramentos no dispositivo contemporâneo e suscitando reflexões sobre o valor do passado na constituição de nossas subjetividades hoje. Para Pérez-Gómez a "imagem poética" é "erótica", capaz de suscitar uma pluralidade de significados – entre eles, vida e morte, a duradoura e efêmera condição da cultura e da condição humana. Segundo o autor, para uma ação ética no contexto atual de nossas conquistas tecnológicas e sedução publicitária, de modismos de novidade, a arquitetura deve promover um "delay", o tempo como agente

6. Peter Eisenman reconhece no *Campo Marzio* de Piranesi uma "escrita virtual", fazendo do presente o que contém memórias passadas. A questão contextual relacionada à virtualidade foi explorada por Eisenman, em sua visão crítica do passado entendido como fundamento a ser representado – daí seu reconhecimento como ficcionais tanto as visões de futuro como as de passado em relação a um lugar, diferentes textos como diferentes tempos "embaçados" *(blurred)* são lidos como rastros (ZONNO, F.V., *Lugares complexos, poéticas da complexidade*. Rio de Janeiro: FGV, 2014).

de sedução, como no cinema de Tarkovsky que "esculpe o tempo".[XXVIII] Outrossim, já apontamos a questão do tempo como agente de resistência na arte, explorando uma experiência temporal espessa e complexa.

Deleuze reconhece em Tarkovsky, um cinema de "vidente",[7] o tempo apresentando-se em seu estado puro. Partindo de Proust e Bergson, define a "imagem-tempo" ou "imagem-cristal" como aquela em que atual e virtual se apresentam como indiscerníveis apesar de distinguirem-se por natureza, formam um circuito (como no caso do espelho). Se o presente é puro devir, o passado conserva-se no tempo indefinidamente, como elemento puro do tempo; a "duração" é um "devir que dura", uma multiplicidade – coexistência do passado consigo como presente. Na imagem-tempo, reverte-se a subordinação do tempo à ação – imagens e sequências não se encadeiam por cortes racionais, mas por cortes que possuem um valor disjuntivo. Daí toda uma relação do cinema moderno com o interstício e com um pensamento da diferença.[XXIX] A dupla temporalidade do "Outrora" e do "Agora" no

7. Como esclarece Pelbart, dada a crise radical do mundo cuja organicidade ou totalidade foi abalada, no cinema de vidente e da imagem óptica, o tempo se emancipa do movimento e os personagens deixam de ser agentes para se tornarem expectadores de situações que os extravasam. "Enquanto na imagem sensório-motora prolonga uma percepção numa ação, obedecendo a uma seleção interessada, a imagem óptica, ao contrário, detém o movimento, detém-se numa coisa, retém a cada vez um aspecto do mesmo objeto" (PELBART, P. P. *O tempo não re-conciliado* [1998]. São Paulo: Perspectiva, 2015, p. 14).

sentido de "imagem dialética" para Walter Benjamin associa-se a uma experiência de "montagem do tempo", quando atua a imaginação, faculdade montadora capaz de perceber relações íntimas e secretas das coisas, desmontando a ideia de continuidade para fazer surgir "afinidades eletivas". Como esclarece Didi-Huberman,[xxx] Benjamin convocou os pensamentos de Freud, Bergson, Proust e dos surrealistas para tratar do passado como *fato de memória*, assim a história só pode ser pensada a partir da atualidade do presente. É papel da dialética[8] escavar as coisas, colocá-las de cabeça para baixo, pois o fazer história é como uma arqueologia, tanto material como psíquica, e o historiador é como um "trapeiro". Nesta ação, emergem redes e tramas entre as coisas – como um inconsciente do tempo – sonhos e recalques. E a arte, segundo Benjamin, leva aos problemas do conhecimento, daí ser a fonte de um parâmetro crítico – uma "imagem-malícia" que seria capaz de, por seu anacronismo, possibilitar a desmontagem da história e a montagem da historicidade, como um cristal de tempo, pode propiciar um choque em que o "Outrora" encontra num relâmpago o "Agora".[xxxi]

O pensamento de Benjamin leva não só a se pen-

8. Diferentemente da dialética hegeliana, a dialética benjaminiana sugere coisas em movimento, rizomas de bifurcação – cada objeto do passado em relação a uma história anterior e uma história ulterior (DIDI-HUBERMAN, G. *Diante do tempo – história da arte e anacronismo das imagens* (2000). Belo Horizonte: Ed. UFMG, 2017, p.135).

sar esta arqueologia como um modo de aproximação à singularidade dos lugares, mas também a montagem e a produção de imagens, explorando a tensão dialética, como possibilidade poética. E ainda, considerar um autor trapeiro e montador, artista da ação de produzir desdobramentos de significações e até choques críticos. Reconhecendo na experimentação artística um valor, Deleuze fala de um tempo "intempestivo", lugar do acontecimento, relacionado ao desejo revolucionário, a um tempo rizomático, o tempo da diferença. Na condição do tempo em devir, a obra é o sempre por-vir, repetição do diferente. O novo é a diferença não a novidade, o futuro nasce "no meio", em qualquer ponto da virtualidade temporal, e afirma o múltiplo, o acaso e a contingência.[XXXII] Esta muito breve exposição de conceitos sobre o tempo abre um campo de questões que nos ajudam a reconhecer nos trabalhos em arte/arquitetura entrecruzamentos na exploração de indícios na criação de imagens poéticas e dialéticas, e acontecimentos em prol de experiências diferenciais do tempo.

No texto "Artístico e contextual – o lugar reinventado",[XXXIII] apresentamos o debate sobre o "antigo – novo" em que se evidencia grande preocupação com a criação de imagens arquitetônicas "espetaculares" e se discute, na relação com o patrimônio, a afirmação do novo como diferença e o limite de posturas dissonantes. Neste campo, muitas vezes o termo "artístico" é relacionado à atitude não contextualizada, de liberdade e autoafirmação da linguagem de um arquiteto. Como nos posicionamos, os termos artístico e contextual não se opõem e o entendimento sobre o que significa ser contextual, atuar em uma situação específica, deve ser mais aberto, admitindo-se diferentes modos de relação com o pré-existente e uma visão diferencial da paisagem.

Ampliamos aqui a reflexão, compreendendo as preexistências como parte de dispositivos do passado e do dispositivo atual, alterando-se seus significados no tempo, e propondo a ação arqueológica e de des/dobra como formas de agir/criar (e resistir artisticamente) como modos de provocar a sensibilização sobre o tempo espesso, o tempo em sua apresentação como cristal, e sentidos dos lugares a partir de indícios e imagens, poéticas e dialéticas. Apresentaremos em paralelo à arquitetura obras de outras artes buscando encontros entre seus modos poéticos relacionados à experiência do tempo e dos significados na relação com a memória como complexidade: melancolia, futuros abandonados, estranhamento e choque.

## Melancolia

A câmera parada enquadra uma piscina. Aproxima-se dela um homem, cuja imagem vemos refletida por um tempo – criando o efeito de seu duplo. Vestido, ele nela salta – acontecimento tornado imóvel no tempo – enquanto o som e a imagem da água continuam seu devir, até que a imagem dele vagarosamente desaparece confundindo-se com a paisagem. No tempo, o espelho d'água torna-se lugar de camadas virtuais, imagens possíveis de passados ou futuros. Em *The reflecting pool* (1977-79), Bill Viola explora um tempo cristal – a lentidão, a virtualidade do espelho d'água e o aparecer e desaparecer na tensão entre ação e desvanecimento, mobilizando as dimensões da memória e do desejo, num morrer transmutando-se em diferença.

No desafio da relação entre obra e situação, o mesmo artista realiza *Martyrs* (2017): quatro vídeos dispostos como quadros sob uma grande janela na Catedral de Saint Paul em Londres. Nas imagens, pessoas são submetidas à ação no tempo de fogo, água, vento e terra e a força dos elementos é capaz de desestruturar, desestabilizar seus corpos – um morrer como processo, para a qual nos perguntamos como e se os personagens oferecem resistência. A longa duração dos vídeos e a exaustão das ações cria uma tensão entre móvel e imóvel, entre morte e vida. Nas imagens, corpos, luz, sombra e matéria criam *perceptos* e *afectos* potentes. O artista amplia o sentido de espiritualidade do local ao de nossa própria condição humana.

No filme *Nostalgia*, de Tarkovsky, dois personagens apresentam a tensão da condição humana em relação ao tempo, ao sentido da vida e à morte. Domenico, um professor de matemática, engendra o próprio sacrifício imolando-se no fogo numa tentativa de sensibilização de outros a quem convocava a resistir contra o que considerava um dispositivo opressor. Já Gorchakov, um poeta, vive entre o atual e os passados presentes. Os personagens estabelecem uma cumplicidade, algo que é apresentado como sequência das cenas de mortes ligadas ao simbolismo do fogo – o corpo em chamas de Domenico e depois Gorchakov cumprindo a promessa de realizar o que aquele não pudera fazer por ter sido desconsiderado, por ser à margem. Ao intempestivo do primeiro acontecimento segue-se o tempo lento do personagem a levar a chama de uma vela à igreja atravessando um espelho d'água. Corta para a cena final: Gorchakov está sentado à frente de uma poça/lago, habitando um lugar que em sua complexidade reúne a ruína de uma igreja e a casa natal do personagem; uma imagem poética que é também uma montagem virtual da memória, imagem-cristal.

Todas as imagens do filme expõem estratos da matéria e indícios do tempo: um mundo em ruínas, espaços lúgubres em que a água pinga e empoça, uma experiência melancólica.

A melancolia da ruína, como afirma Jane Rendell,[xxxiv] não é necessariamente nostálgica e apartada de uma abordagem das condições sociais, ela pode criticamente potencializar diferentes futuros[9] como a obra *Palais de Tokyo* (2001), de Lacaton e Vassal, que explora a área disponível como valor.

A intervenção de Lacaton e Vassal no edifício que era um museu mantém as marcas do tempo na matéria. Ao preservar o aspecto de arruinamento, o indicial do desgaste do tempo pode, por um lado, remeter à melancolia e de outro, paradoxalmente, ao prazer de reconhecer a autoridade do "monumento" museu questionada, o lugar da eternização atravessado pelo tempo. Outrossim, pode ser compreendido como atitude crítica e de resistência, se considerarmos que o acervo do museu antes instalado naquele local fora transportado para o Centro Georges Pompidou – imagem nova de espaço cultural no então dispositivo – ao qual este se contrapõe como uma heterotopia – espaço à margem. Fato é que se trata de uma pro-posição

9. Rendell pontua como exemplos os filmes de Tacita Dean que apresentam ruínas que encarnam crenças falidas, as instalações de Jane e Louise Wilson que questionam a relação entre poder, representação e ocupação do espaço, também experiências traumáticas da memória, além das fotos "elegíacas" de locais abandonados de Rut Blees.

de não arquiteturar – o que desloca a noção de autoria – abrindo a possibilidade de apropriações eventuais do espaço. A ação de não intervenção é um posicionamento; lembrando Solà-Morales sobre os *terrain vagues*, não se busca construir e ocupar para positivamente tornar todo o espaço produtivo, mas sim reativá-lo na medida da abertura de possibilidades em devir. O espaço da arte deixado em estado de "arruinamento" é tanto a evidência de um passado abandonado como a promessa de liberdade, vazio propositalmente deixado como abertura para a apropriação dos artistas – não a nostalgia de um lugar perdido, mas a possibilidade de um lugar outro, da diferença.

## Futuros abandonados

Em *Partially burried woodshed* (1970), Robert Smithson despeja grande quantidade de terra sobre uma casa antiga até que sua estrutura viesse a ruir – uma ruína provocada, evidência da entropia, o questionamento da estabilidade. Ali, como no Hotel Palenque, no templo de Uxmall e nos cárceres de Piranesi – há "des-arquiteturalização".

As ruínas do passado, reconhecidas na satisfação "pastoral" estão fora de moda, diz Smithson, são substituídas pelos *sites* do tempo. Os estratos da terra se tornam um museu remexido, nosso próprio cérebro se assemelha a uma rocha que sofreu erosão: "Um mundo frágil e fraturado cerca o artista. [...] Arquitetos odeiam máquinas de terraplanagem e retroescavadeiras. Elas parecem transformar o terreno em cidades inacabadas de destroços organizados.[xxxv]

Seu passeio no subúrbio de Nova Jersey, Passaic (1967), revela "monumentos" vazios de significado, "futuros abandonados", "máquinas-dinossauro" presas na lama – o sonho da modernidade exaurido.

Os trabalhos de Smithson realizam uma arqueologia e também des/dobramentos: exploram nossa relação com os tempos da paisagem e com a linguagem como estratificações, nosso pensamento como um solo em que se cria revolvendo ideias, contra todos os sistemas fechados e puros. Em sua narrativa sobre o Hotel Palenque anota:[xxxvi]

*Aqui se vê um pilar sem sentido, evidentemente parte de alguma estrutura, mas isso não importa, quero dizer, ela desafia todo o funcionalismo [...] Isto mostra uma construção sem teto que eu penso ser muito, muito bonita. [...] Na verdade, isso é muito bom para mim: não é sempre que se veem edifícios sendo colocados abaixo e construídos ao mesmo tempo.*[10]

Eduardo Souto de Moura, ao intervir sobre uma obra de sua própria autoria, preservou-a como ruína. O projeto modernista do mercado de Braga de 1984, muito celebrado no meio dos arquitetos, parou

10. Sobre Robert Smithson e Peter Eisenman, a crítica do funcionalismo e o potencial do ficcional e do interstício em arte e arquitetura, ver Zonno (2014).

de ser utilizado como prédio, levado à obsolescência pela presença de novos centros comerciais no entorno e pelo tráfico de drogas na área. A obra seria destruída e o arquiteto foi contratado em 1999 para um novo projeto no mesmo local. Souto de Moura assume uma posição crítica sobre o lugar e sobre sua própria obra como arquiteto. Toda a laje é demolida, mas deixa permanecem pilares, alguns quebrados, com vergalhões retorcidos à mostra, uma escada que leva a lugar nenhum – pilares e escadas sem sentido. Tudo poderia ser demolido para a construção do novo se ele preservasse o próprio pensamento, antes moderno – mas o autor moderno está em xeque, a ideia de "obra" como produção coerente de um autor no tempo está em xeque. Apresentar o projeto anterior, ao mesmo tempo como indício e imagem de ruína significava expor criticamente a própria temporalidade do projeto, sua condição de morte e transformação, e a experiência desta morte como estética. O projeto novo de salas para dança e música se situa perifericamente às ruínas e vegetação, mantidas como espaço de passagem, valorizado assim quando o local estava completamente abandonado. Uma desarquiteturalização e uma construção; também uma inversão do que era positivo e se torna negativo, explicitando a ruína de um futuro abandonado.

Andreas Huyssen[XXXVII] afirma que, no corpo da ruína, o passado está presente nos resíduos, e ao mesmo tempo não está acessível, o que faz dela um desencadeador da nostalgia, mas a nostalgia não se opõe a um pensamento reflexivo, crítico – como a obra de Piranesi mostra, a ruína já era uma problemática *dentro* da modernidade. *Elas encarnam uma dialética da modernidade que deve ser lembrada, ao tentarmos imaginar um futuro para além das falsas promessas do neoliberalismo empresarial e do shopping globalizado.*[xxxviii]

A pro-posição de Souto de Moura trata a ruína como necessária camada de sentido do lugar, preservando-a como experiência do tempo e da transformação da paisagem, assumindo a complexidade, a tensão, para aceder a uma dimensão de reflexão. Numa sensibilidade próxima da de Smithson, a condição de arruinamento espelha o próprio modo de pensamento do autor, estratificado, revolvido.

## Estranhamento

Uma espécie de retorno do reprimido, uma memória traumática que é exposta "inteira", lembrando os corpos petrificados de Pompeia, *House* de Rachel Whiteread[11] (1993) materializa o espaço da última casa, de um último conjunto de *terrace houses* vitorianas em Londres, sobrevivente da destruição da segunda guer-

11. Rachel Whiteread já trabalhava com moldes de objetos do espaço familiar doméstico – camas, armários e cadeiras – usando materiais como gesso, concreto, borracha e poliéster.

ra. Recentemente, toda a área estava sendo demolida para a construção de um parque. Diante da constatação de que a casa seria demolida, a artista faz um registro em vídeo de seu interior, mostrando os elementos, os vestígios do passado. O trabalho se propõe como indicial, a concretagem por jateamento dos espaços internos tem como "fôrma" os limites da casa original, que depois são arrancados deixando à mostra o volume, janelas cegas, escadas demarcadas. Entre a presença e a ausência, expõe-se criticamente a demolição das casas, levantando a questão sobre os sentidos do lugar.

Segundo Vidler,[XXXIX] este trabalho "sufocadamente cego" provoca um "*uncanny*" espacial. Como esclarece o sentido de estranhamento familiar desde Schelling caracteriza algo que deveria ter sido mantido em segredo, mas vem à luz; com Freud, é relacionado a uma experiência primordial suprimida que se mostra inesperadamente, mas faltara analisar o estranhamento pelo espaço. Foi o fenomenólogo Minkowiski que o definiu como "*dark space*" – um espaço corporificado, sensorial, sintoma senão instrumento do trauma e da neurose, ideia que segundo Vidler[XL] se apresenta na obra *Templo da Morte*, de Boullée – uma "arquitetura enterrada", "arquitetura da negatividade", de paredes nuas e efeitos de sombra.

A referência ao enterramento é direta na intervenção artística *Nameless Library* (2000), também de Whiteread, memorial na Judenplatz em Viena, que representa um mausoléu sobre as ruínas de uma sinagoga. Constituída por livros cujas lombadas estão voltadas para seu interior, a imagem poética causa estranho incômodo. O sentido parece invertido. Criticamente, amplia-se o significado do local de memorial às vítimas da violência para um questionamento sobre a distância, o esquecimento da cultura do povo judeu. O espaço dos judeus que é interditado a partir do exterior, será violado, profanado, no contato com as ruínas no subsolo – "corpo arquitetônico, fraturado e fragmentado, complexificando os sentidos da dor em diferentes passados e no presente.

A relação entre enterramento e memória se aproxima do projeto (não realizado) *Topografia do Terror* de Peter Zumthor. A área do antigo quartel da Gestapo foi assim nomeada quando se construiu um abrigo temporário para exposição do material encontrado nas escavações, o que suscitou grande debate público. Como tratar a memória de um dispositivo de controle, como desdobrar seus significados, importantes para a reflexão sobre a memória coletiva. Zumthor afirmou a impossibilidade de encontrar uma forma, o que o teria levado a retomar a ideia da estrutura provisória existente, sem aludir a nada – recusando, a produção de uma forma simbólica sobre esta memória. Mas o projeto constitui a proposição de um corpo arquitetônico que rompe de modo intempestivo, deixando como um *terrain vague* uma topografia de terra e escombros onde outrora estava o objeto-discurso, o edifício da Gestapo. É este solo o protagonista – solo revolvido da memória, entre a construção nova e o Muro de Berlim, junto às celas de uma antiga prisão, uma mostra de que há muitos estratos ainda por serem investigados por uma arqueologia não só da matéria, mas também dos saberes e poderes, dos discursos e dos dispositivos de outrora. E também nele há forças capazes de retornar como estranho.

## Choque

O jogo anacrônico e heterotópico, a partir de imagens dialéticas, imagens malícia, é também um caminho poético. Menos relacionado à colagem como forma[12] e sim ao potencial de "choque", como nas colagens surrealistas, a ideia de montagem desenvolve as colagens e *assemblages* conceituais, quando, através da disjunção, se pode provocar a emergência de novos sentidos.

De modo diretamente relacionado à questão dos significados em relação ao tema da memória, a ideia de montagem pode ser reconhecida na relação com

12. A noção de fragmento foi aproximada da colagem de diferenças temporais no célebre *Cidade Colagem* de 1978, de Colin Rowe e Fred Koetter, afirmavam a possibilidade de o arquiteto como um "bricoleur" lidar com os fragmentos diferenciais dos tempos da paisagem e, a partir de um método formal alcançar uma "condição de equilíbrio", mas também admitem a via da colagem como um modo de ironia.

uma arqueologia e com uma des/dobra, complexificando narrativas consagradas e provocando reflexões sobre memória coletiva, identidade e processos de ressignificação.

Lina Bo Bardi no projeto para a Casa do Benin (1988) no Pelourinho, em Salvador, produz um efeito de choque dialético ao colar/montar no pátio dos sobrados coloniais, um exemplar arquitetônico que remete às casas africanas e materiais de sua tradição, afirmando um lugar da presença dos negros, de modo heterotópico, ao lado de um pequeno córrego artificial de água – elemento da natureza que se afirma como parte também da cultura. Incluindo elementos em concreto armado, visíveis como diferença temporal em relação à casa antiga, Lina literalmente veste as colunas novas com trançado típico africano, valorizando o fazer antigo ao lado da técnica moderna. Maliciosamente, diluem-se as fronteiras entre culturas e tempos, explorando a dualidade, o choque de diferenças, e poeticamente a complexidade de sentidos do lugar. Lina não se afirma como autora da forma, mas como intérprete do existente e propositora do acolher da diferença, reinventando o lugar valorizando aqueles que estavam à margem como parte de seu sentido, que não é único e coerente.

Interpretamos a Casa do Benin, lembrando Rendell que, a partir de Benjamin, fala de justaposições e montagens de fragmentos com significados contraditórios como proposições críticas através do potencial de adoção de elementos "não apropriados", de deslocamento de significados dominantes, da reinserção como possibilidade de revelar aspectos do Outrora no Agora – imagens dialéticas como outras visões do passado.

Assim a autora pensa o choque como "experiência da arte politizada a considerar não só reações imediatas e momentâneas, mas também reverberações que se dão em um período mais longo de tempo",[XLI] reconhecendo neste sentido o valor dos "eventos".[13]

Em Tschumi, a abertura do espaço a eventos, criação de situações e apropriações imprevistas – o que questiona a autoria como controle ou determinação funcional dos espaços pelo arquiteto – é uma forma limite do programa como complexidade.[XLII] No que se refere à atuação no preexistente, há que se considerar a apropriação eventual como possibilidade de contínua ressignificação do lugar. Em sua experimentação interdisciplinar, Tschumi transita especialmente entre arquitetura e performance, valorizando a experiência do corpo, e arquitetura e cinema – considerando a noção de montagem como fundamental e a relação entre sequência de imagens e produção de sentido, conforme efeito Kuleshov.[XLIII]

Em *Le Fresnoy National Studio for Contemporary*

13. Rendell destaca as ações do grupo FAT, em Londres, desde um piquenique no Hyde Park a intervenção *Roadworks* (1997), em que um ponto de ônibus é ironicamente convertido em um "cottage" em alusão aos sonhos de consumo dos clientes do banco situado em frente, ou a intervenção de Bernard Tschumi na Universidade de Columbia, criando um "espaço de eventos".

*Art*, França, 1997, Tschumi[XLIV] reconhece o valor estético dos galpões antigos onde intervém – grandes telhados sustentados por estruturas metálicas em treliça – mas também o valor da apropriação do local já por artistas. Interpreta que, se demolidos, a vizinhança que crescera ao seu redor se desestabilizaria. O arquiteto então propõe a cobertura dos galpões como um espaço potencial – justapondo, colando um novo teto – *"artifi-ciel"*. Mantém os edifícios existentes e constrói sobre eles uma cobertura, vazada e "totalmente utilitária", incluindo rampas e passarelas para gerar um espaço "entre" [*in-between*] como lugar de experimentação. O projeto produz um choque não só entre os tempos, mas ao inverter a percepção do teto como chão. Há uma valorização do corpo desejante, a criação de uma arquitetura um espaço de liberdade para eventos e apropriações, acontecimentos, enfim, para a emergência de subjetividades artistas; parafraseando Hélio Oiticica, o autor cria um campo para que os participantes proponham, criem, sendo este um recriar o próprio espaço, o lugar, em devir, numa relação com o tempo da diferença.

*

Em se tratando de intervenções em pré-existências ou inserções de nova arquitetura muitas vezes o "artístico" é relacionado à atitude "autoral", de autoafirmação de uma linguagem pessoal arquiteto, indiferente ao tema do contexto e aos significados dos lugares. A partir da reflexão sobre a complexidade, e da paisagem como intertextualidade e colagem temporal, o artístico se entre-tece à situação. Nem representação do que existe como um fundamento, nem liberdade indiferente e hedonista, a abordagem complexa considera a multiplicidade de sentidos, suas tensões e paradoxos, a incompletude, memória e esquecimento.

A criação complexa, não é o novo como novidade, mas a possibilidade da diferença e do enriquecimento da experiência. Tais criações podem, como ações no dispositivo contemporâneo, contribuir para formas de subjetividade não condicionadas pelos dispositivos do espetáculo, que generificam a relação com a memória, e do controle, que muitas vezes forjam formas de sua manipulação.

O que fazem ver os trabalhos aqui expostos é uma interpretação criativa dos lugares, buscando a singularidade a partir de experiências do tempo, valorizando-se suas camadas, estratos e espessura, e do desejo de complexificação dos significados, expostos ou problematizados de modo crítico, suscitando reflexões sobre a memória individual e coletiva e sobre a paisagem como dispositivo, no passado e no presente. Abordagens poéticas que exploram experiências do tempo e dos lugares capazes de provocar reflexões e expor a coexistência de diferenças – via melancolia, abandono, estranhamento e choque.

Neste sentido, a noção de autoria pode ser compreendida não como princípio de coerência, seja através da criação de objetos-discursos de verdade, seja coerência da paisagem, do tempo ou de seu próprio trabalho. Aceitando a condição intertextual, diferencial da paisagem em constante transformação material e de sentidos, e do próprio pensamento criativo, no tempo, trata-se de praticar arqueologias, propor sensibilizações, mergulhar em indícios, interstícios, explorar des/dobramentos, expondo a complexidade dos significados também na relação com os processos da memória. O autor não tem a pretensão de sugerir uma nova ordem do mundo, mas, como postura ética, valorizando a relação com o passado como parte da constituição das subjetividades na contemporaneidade, busca poeticamente explorar lacunas, apagamentos, vazios, com vistas a suscitar reflexões críticas e visões de mundos possíveis. Um posicionamento em que o autor age nos dispositivos para produzir des/dobramentos, não para afirmar uma ordem do discurso, da paisagem ou do tempo, mas expor sua constituição intertextual, múltipla, estratificada, lacunar e diferencial. •

I. FOUCAULT, M. *A ordem do discurso*. 8 ed. São Paulo: Edições Loyola, 2002, p. 28.

II. FOUCAULT, M. *A arqueologia do saber* (1969). 7 ed. Rio de Janeiro: Forense universitária, 2008.

III. ZONNO, F. V. *Lugares complexos, poéticas da complexidade*. Rio de Janeiro: FGV, 2014, p. 222.

IV. HUYSSEN, A. *Present pasts – Urban palimpsests and the politics of memory*. Standford: Standford University Press, 2003, p. 27.

V. CANTON, K. *Tempo e Memória*. São Paulo: Martins Fontes, 2009, p. 20-21.

VI. SOLÀ-MORALES, I. *Presente y futuros. La arquitectura en las ciudades. Catálogo do XIX Congresso UIA*. Barcelona, 1996, p. 10-23.

VII. SOLÀ-MORALES, I. *Territorios*. Barcelona: Gustavo Gili, 2002.

VIII. SCHULZ, S. *Estéticas Urbanas: da polis grega à metrópole contemporânea*. 2ed. Rio de Janeiro: LTC, 2019, p. 247-251.

IX. ZONNO, F. V. *Lugares complexos, poéticas da complexidade*. Rio de Janeiro: FGV, 2014, p.100.

X. ___. *Lugares complexos, poéticas da complexidade*. Rio de Janeiro: FGV, 2014.

XI. SOLÀ-MORALES, I. *Diferencias – Topografias de la Arquitectura Contemporánea*. Barcelona: Gustavo Gili, 2003, p. 76.

XII. SOLÀ-MORALES, I. *Intervenciones*. Barcelona: Gustavo Gilli, 2006. p. 15.

XIII. SOLÀ-MORALES, I. *Diferencias – Topografias de la Arquitectura Contemporánea*. Barcelona: Gustavo Gili, 2003, p. 263-266.

XIV. FOUCAULT, M. *A arqueologia do saber* (1969). 7 ed. Rio de Janeiro: Forense universitária, 2008, p. 157-158.

XV. FOUCAULT, M. *El juego de Michel Foucault – entrevista a Alain Grosrichard,* 1977. Disponível em: <https://pt.scribd.com/>.

XVI. DELEUZE, G. *¿Que es un dispositivo?* (1990). In: *Michel Foucault, filósofo*. Barcelona: Gedisa, 1990, p. 155-161. Tradução de Wanderson Flor do Nasciemento. Disponível em: <www.unb.br/fe/tef/filoesco/foucault/art14.html>. Acesso em jan, 2009.

XVII. PELBART, P. P. *O tempo não re-conciliado* [1998]. São Paulo: Perspectiva, 2015, p. 46-52.

XVIII. ZONNO, F. V. *Lugares complexos, poéticas da complexidade.* Rio de Janeiro: FGV, 2014, p. 96.

XIX. GUATTARI, F. *Caosmose – um novo paradigma estético.* São Paulo: Ed. 34, 1992, p. 158.

XX GUATTARI, F. *Guattari: confrontações. Conversas com Kunich Uno e Laymert Garcia dos Santos.* São Paulo: N-1 Edições, 2016, p. 11.

XXI. GUATTARI, F. *Caosmose* – um novo paradigma estético. São Paulo: Ed. 34, 1992, p. 163-164

XXII. GUATTARI, F. *Caosmose* – um novo paradigma estético. São Paulo: Ed. 34, 1992, p. 176.

XXIII. MAGNAVITA, P. *Quatro dobras conceituais e a cidade – Corpo, Saber, Poder e Espera – por uma micropolítica de Subjetivação do Planejamento Urbano. Cadernos PPG-AU,* FAUFBA. Cidade e Cultura 2 – Estética e política, 2012.

XXIV. DELEUZE, G. *A dobra*: Leibniz e o Barroco. 2 ed. Campinas: Papirus, 2000, p. 37.

XXV. MORRIS, R. In: *Conversation with W.J.T. Mitchell* (1994). In: FARR, Y. (ed.) *Memory.* Londres: Whitechapel Gallery e MIT Press, 2012, p. 109.

XXVI. DUBOIS, P. *O ato fotográfico.* (1990) 14 ed. Campinas, SP. Papirus, 2012, p. 319-320.

XXVII. KRAUSS, R. *Notes sur l´index* (1977). IN : *L´originalité de l´avant-garde et autres mythes modernistes.* Paris: Macula, 1993, p. 63-91.

XXVIII. PÉREZ-GÓMEZ, A. *Built upon love.* Londres: MIT Press, 2006, p. 98.

XXIX. MACHADO, R. *Deleuze, a arte e a filosofia.* 2 ed. Rio de Janeiro: Zahar, 2010, p. 277-279.

XXX. DIDI-HUBERMAN, G. *Diante do Tempo – história da arte e anacronismo das imagens* (2000). Belo Horizonte: Ed. UFMG, 2017, p. 135.

XXXI. DIDI-HUBERMAN, G. *Diante do Tempo – história da arte e anacronismo das imagens* (2000). Belo Horizonte: Ed. UFMG, 2017, p. 274.

XXXII. PELBART, P. P. *O tempo não re-conciliado* [1998]. São Paulo: Perspectiva, 2015, p. 110-113.

XXXIII. ZONNO, F. V. *Artístico e Contextual, o lugar reinventado*. Revista Prumo, [S.l.], v. 3, n. 4, p.19, oct. 2018. ISSN 2446-7340. Disponível em: <http://periodicos.puc-rio.br/index.php/revistaprumo/article/view/782>.

XXXIV. RENDELL, J. *Art and Architecture – a place between*. Londres: I.B. Tauris, 2006.

XXXV. SMITHSON, R. Uma sedimentação da mente: projetos de terra (1968). In: FERREIRA, G.; COTRIM, C. (org.). *Escritos de Artistas – anos 1960/1970*. Rio de Janeiro: Jorge Zahar, Funarte, 2006. p. 182-197.

XXXVI. SMITHSON APUD ZONNO, F. V. *Lugares complexos, poéticas da complexidade*. Rio de Janeiro: FGV, 2014, p. 237.

XXXVII. HUYSSEN, A. *Culturas do passado-presente* – modernismos, artes visuais, políticas da memória. Rio de Janeiro: MAR, 2014, p. 94.

XXXVIII. HUYSSEN, A. *Culturas do passado-presente – modernismos, artes visuais, políticas da memória*. Rio de Janeiro: MAR, 2014, p. 113.

XXXIX. VIDLER, A. *Warped Space – art and anxiety in modern culture*. 2 ed. Cambridge, Mass: The MIT Press, 2001, p.146-147.

XL. VIDLER, A. *The architectural uncanny – essays in the modern unhomely*. London: MIT Press, 1992, p.170-171.

XLI. RENDELL, J. *Art and Architecture – a place between*. Londres: I.B. Tauris, 2006, p. 82.

XLII. ZONNO, F. V. *Lugares complexos, poéticas da complexidade*. Rio de Janeiro: FGV, 2014.

XLIII. ZONNO, F. V. *Lugares complexos, poéticas da complexidade*. Rio de Janeiro: FGV, 2014.

XLIV. TSCHUMI, B. *Red is not a color*. New York: Rizzoli, 2012, p. 275.

## BIBLIOGRAFIA


DELEUZE, G. *A dobra: Leibniz e o Barroco*. 2 ed. Campinas: Papirus, 2000.

____. *Conversações*. 3ed. São Paulo: Ed. 34, 2017.

____. *O que é a filosofia?*. Rio de Janeiro: Ed. 34, 1992.

GUATTARI, F. *Guattari: confrontações. Conversas com Kunich Uno e Laymert Garcia dos Santos*. São Paulo: N-1 Edições, 2016.

TSCHUMI, B. *Architecture and Disjunction*. Cambridge: MIT Press, 1996.

Projeto

# Artesania–Projeto

## As formas do saber-fazer

JOÃO MASAO KAMITA

**João Masao Kamita** é arquiteto, urbanista e Professor Doutor da Graduação, do Programa de Pós-Graduação em Arquitetura do Departamento de Arquitetura e Urbanismo da PUC-Rio e do Programa de Pós-Graduação em História Social da Cultura do Departamento de História da PUC-Rio.

A palavra autoria é uma palavra difícil de definir sobretudo no contexto dos debates teóricos no Brasil, cuja carência de precisão conceitual torna extremamente difícil a construção de uma historiografia capaz de elaborar referências interpretativas densas e estáveis a ponto de sustentar um debate público.

Dito isso, a questão que me surgiu foi se nós estaríamos hoje vivendo uma espécie de recuperação da ideia de artesania, da ideia de prática coletiva. Eu poderia dizer que houve sim, recentemente, um momento da Teoria, que foi o da desconstrução, cuja preponderância acarretou em certo emudecimento da ideia de prática e, hoje, como reação a isso existem várias produções de arquitetura, nas suas várias formas de se expressar e se manifestar, que poderiam estar associadas a esse retorno à prática. Então, seria o caso de refletir criticamente sobre o alcance e o significado desses vários experimentos, dessas várias formas de ação e de reflexão. Esse retorno poderia ser uma posição nostálgica, talvez, ou pode ser que isso signifique uma abertura, um *entre* que está apontando para alguma coisa que não se sabe muito bem como vai ser.

Venho pensando no significado dessa retomada há certo tempo, e talvez por vício de historiador, tentei fazer uma retrospectiva sobre a questão do artesanato antes de avançar sobre os dilemas atuais.

Comecei pelo básico: fui ao verbete "artesanato" da *Enciclopédia Einaudi*[1] para saber a origem da ideia mitológica do fazer artesanal e do estatuto do artesão desde a pólis grega. Ali, aparecia essa figura que é o Hefesto ou Vulcano mais ou menos reconhecida como o ferreiro de Zeus. Rubens fez várias pinturas e desenhos de quadros mitológicos em que aparece Vulcano, que tem uma trajetória peculiar entre os deuses. No quadro, ele aparece na forja fazendo o raio de Zeus. Vulcano, contudo, tinha uma deficiência, ele era coxo, tinha uma má formação do corpo, então não era bem visto no Olimpo. Meio bruto, mas filho de Zeus com Hera, Vulcano foi, digamos assim, recusado por seus "pares" e foi morar dentro do vulcão (segundo a lenda, o Etna). Não obstante, por suas inigualáveis habilidades, continuou produzindo peças magníficas para os deuses do Olimpo; como armaduras, elmos, cintas, cetros, espadas etc. Em resumo, Vulcano era coxo e tinha dificuldade para se locomover, mas era um sujeito do fazer. Ou seja, essa inabilidade faz com que ele não tenha a capacidade de livre movimento e, portanto, ele é um artífice sedentário. Mas, ao mesmo tempo, compensa essa limitação com o dom do fazer inspirado.

O grande Velásquez pintou *A oficina de Vulcano*, quando de sua primeira viagem a Roma. Trata-se de um dos poucos temas mitológicos do maestro e representa a chegada de Apolo na oficina de Vulcano. Antes de continuar, vale acrescentar que como recompensa pelo seu valoroso trabalho, o artífice ganhou a mão de Afrodite. Só que a deusa da beleza e do amor o achava horroroso e tinha um caso com Marte, o deus da guerra. Ele recebeu esta triste notícia de Apolo, ironicamente no instante em que ele e seus assistentes estão forjando uma armadura, irônica referência a Marte. Velásquez faz um cenário que é uma oficina de ferreiro, uma oficina artesanal tradicional, inclusive ele e seus assistentes (os ciclopes) têm fisionomia de pessoas da época. Velásquez parte do mito, mas o desloca para uma cena real, um ambiente de trabalho, no qual o sentido lendário cede lugar para uma interpretação sobre a racionalidade do fazer e aí Apolo é o mensageiro da razão. Mas, indo em sentido inverso, voltando à cena patética da traição, o maestro demonstra com fria e detida atenção ao fato visual concreto, ou seja, evitando qualquer tom grandiloquente ou excessivamente imaginativo (talvez expressando sua reserva quanto ao barroco italiano), não faz mais que aproximar deuses e homens em suas virtudes e vícios.

Outro mito, pintado por Rubens, é *A queda de Ícaro*, que narra a saga de Dédalo, o mais famoso artesão de Atenas. A fama era tanta que atraiu a atenção e suas encomendas aumentaram tanto, que Dédalo precisou de auxiliares para dar conta das demandas. Por isso, decidiu tomar como aprendiz seu sobrinho Talos. Antes de avançar, é preciso esclarecer que na pólis grega o artesanato comumente está associado à ideia de manualidade, e de produto que tem utilidade. Mas na escala do artesanato havia gradações, desde o mais tradicional que produzia peças cotidianas até os de maior reconhecimento social, como um arquiteto mais valorizado do que, por exemplo, um ferreiro. Isso até faz um certo sentido porque o arquiteto tinha que lidar diretamente com a autoridade na construção de templos e palácios, ou seja, obras de grande evidência e destaque.

Não obstante, o grande personagem era o guerreiro, o homem das armas, mas o artesão tinha sua importância social muito forte, porque ele produzia objetos úteis como armas, instrumentos e equipamentos para a vida da pólis. Havia então uma massa de homens que tinham seus ofícios, haviam os homens livres e os escravos. E o artesão por um lado não tinha total liberdade, não era um homem da ação heroica, mas também não era um escravo. Dentro da categoria, havia o artesão inventivo como Dédalo. Ele formou o sobrinho na sua oficina, ensinou as coisas e quando viu que o sobrinho tinha desenvolvido capacidade e habilidade e estava realizando feitos que eram mais notáveis, tomado de ciúmes, o matou. Por conta disso, precisou fugir para Creta.

Eis o paradoxo do artesão artista: é inventivo, porém invejoso. É um artífice inventor, porém com esse problema, uma falha no caráter, ou seja, uma vaidade que faz com que ele queira se sobressair em relação ao outro. Vejam que isso se dá pela relação entre arte e artesanato. O artesanato não seria simplesmente aquela ideia de repetição, das coisas só utilitárias, tem pontos de passagem entre uma coisa e outra, entre arte e artesanato, e isso é interessante. Então Dédalo por um lado é um inventor que tem vaidade e orgulho pelos seus feitos, mas, na mitologia, a maldição é que ele não tem continuadores. Se seu herdeiro for mais talentoso, ele o elimina. Se for consentido, como o filho, tudo acaba em tragédia. Ele não tem uma herança. Esse é o custo da originalidade segundo o mito.

Na Grécia Clássica, o que importa é sua função social, ele precisa atuar em função da pólis, não para ele. A importância do artífice não é o produtor, é o produto. É um fazer voltado para a coletividade, e esta tem que exercer, digamos assim, uma espécie de controle sobre a produção. Por isso a noção de individualidade é problemática, Dédalo é uma individualidade que perturba a ordem instituída. Não tem lugar na *República* de Platão.

Ao longo da história, vemos essa tensão entre uma técnica que tem que estar sobre controle de uma regulamentação, mas tem um reconhecimento social e uma função coletiva importante, e uma outra técnica, que exige "inspiração" por ter de atender às demandas daquilo que é novo. Geralmente, essas demandas novas estavam ligadas ao que escapava da mera utilidade, ou seja, funções e usos ritualísticos, funções mágicas, objetos vinculados a qualquer tipo de cerimônia. Ou seja, deve haver não só um salto técnico, mas também um índice de invenção – isso quer dizer que a arte não se opõe ao artesanato. O velho Argan diz assim: artesanato é um sistema tecnológico, é um modo de fazer as coisas, o qual você tem gradações e diferenciações, sendo a arte o mais elevado estágio. O que significa dizer que a arte faz parte do sistema do artesanato.

Benvenuto Cellini era um escultor italiano. Um dos trabalhos de destaque que produziu no século XVI é um saleiro. É feito para o rei da França Francisco I e Cellini, nessa época, escreveu em 1558 uma autobiografia que por si só atesta a consciência de individualidade que tinha. Nela, há uma afirmação que chega a ser cômica, que diz mais ou menos assim: "Em minha arte superei muitos e cheguei ao nível do único que era melhor do que eu: Michelangelo".[II]

Mas ele ainda faz saleiro. Evidentemente é uma peça valiosíssima porque foi concebido com desenho. Cellini estaria nesse momento do Renascimento em que essa tensão entre arte e artesanato começou a aparecer fortemente, a partir da ideia da liberação da individualidade. Começou então toda essa história de artes liberais *versus* artes mecânicas, depois se tornou a belas artes *versus* artes aplicadas ou arte maior *versus* arte menor. Criou-se assim uma tensão e uma hierarquia.

Existem, de fato, várias formas de autoria, inclusive a que pode ser chamada de autoria coletiva. Mas a que se afirma com a modernidade é essa vinculada à emergência da individualidade, a partir do corte representado pela inauguração do ponto de vista que, é obviamente, a perspectiva no Renascimento. Na perspectiva, tem-se um centro e um campo, que vou chamar de campo espacial pré-ordenado, organizado, no qual insiro o objeto, e me posiciono idealmente, pois só assim posso fazer a coincidência entre a lógica da construção e a lógica do olhar.

Nessa convergência entre ponto de vista e ponto de fuga se dá o lançamento da ideia do autor. Ou seja, eu me coloco em uma posição privilegiada para ver, organizar e atuar ali. Do ponto de vista do fazer, a rigor, não há tanta diferença tecnológica entre o Renascimento e a Idade Média. A diferença é aquilo que se chamou de projeto. Por isso essa ideia de que artesanato é só um fazer manual e que a arte e artesanato são coisas antitéticas não é necessariamente assim.

Como vimos, a relação entre arte e artesanato tem muitos pontos de contato, mas ao mesmo tempo pontos de tensão. Giulio Carlo Argan[III] reitera que, dentro do artesanato, a arte é o ponto mais alto uma vez que conseguiria conciliar o máximo de qualidade com o mínimo de quantidade.

Durante séculos, a transição entre arte e artesanato manteve certo ponto de equilíbrio, contudo, o sistema do artesanato entra em crise (e por conseguinte, a arte) quando muda o sistema técnico de produção. Aí o embate é artesanato *versus* indústria. No seio dessa oposição é que emerge uma figura fundamental – William Morris. Ocorre então um reposicionamento dramático e radical no sistema do fazer que de manual passa a mecânico e, pior, alienado. O artesão é destituído de sua função social na medida em que o trabalho industrial produz objetos em série e para o consumo de mercado. A reação a esse processo se chamou *Arts and Crafts*, essa comunidade de artistas e artesãos, o primeiro coletivo ou um dos primeiros coletivos da história.

Próximo da última década da vida, Morris escreveu um texto intitulado *Arts and Crafs of today*, em 1889. Ali ele já percebeu, com certo desgosto, que o artesão realmente tinha se transformado num operário fabril. Ou seja, a ideia do fazer voltado para a autossatisfação, o lidar orgânico com o instrumento, o gesto de superar a resistência da matéria, a tomada do objeto naquela situação direta e de não ter a determinação temporal de trabalhar a partir da ideia de mercadoria, ou seja, da aceleração da produção, tudo isso, enfim, já não tinha mais lugar. O artesão de agora em diante trabalha não mais para sua satisfação, mas para ganhar no final do mês seu salário. Nessa circunstância, Morris já é um socialista utópico que resiste à diluição da espiritualidade do trabalho e efetua um chamamento ao artista.

A obra maior do artesanato é a arquitetura, pois engloba todas as demais. Morris a elogia, acrescentando que artes aplicadas nela se realizam. Ao mesmo tempo ele entende que não é possível mais recuperar, reviver o artesão. Deve-se então apelar para uma classe menor e mais fraca: a dos artistas. Eles devem ser os representantes do artesanato. O artista não deve se preocupar mais com a sua individualidade, com a busca de um estilo original, com a sua vaidade. Não! Ele tem que agora cuidar do trabalho, da obra de arte coletiva.

Esse apelo ao fazer associado, ao fazer em equipe, ao fazer compartilhado, coloca obviamente um problema para a noção de autoria. Do ponto de vista histórico, a autoria está associada à individualidade, à expressão individual. Acredito que a arquitetura moderna tenha muito de arte aplicada ainda, porque se situa naquele ponto intermediário entre a arte pela arte e a arte com uso/utilidade. Essa tensão sempre foi um problema: quando domina uma expressão muito individual, ela começa a ser questionada por faltar com sua responsabilidade social em nome do famigerado "formalismo". Acusações dirigidas a Frank Gehry são quase as mesmas que foram dirigidas a Oscar Niemeyer, na década de 1950; porque não atendia às demandas sociais, à função coletiva, por causa do seu próprio exercício do ego. Logo, existe sempre essa tensão entre autoria e coletividade.

A arte, em um sentido mais geral do termo, o problema da individualidade, não seria tão complicado como nas artes do projeto. Toda vez que uma arquitetura é muito individualizada, é criticada porque é voltada exclusivamente para o autor e não para o produto e o seu uso. Por isso, existem tentativas recentes que abordam esse problema, ou seja, de apelar de novo para o experimentalismo do fazer, mas assumindo uma atitude quase de, vamos chamar assim, *anestesia estética*, que seria o rebaixamento da dimensão da forma intencional, em nome de se reconectar com as coisas, por isso que a dimensão visual está em crise e o tato é o sentido a ser recuperado.

Essa é uma das questões semânticas da ideia de autoria. Inclusive, isso se reflete nas preferências dos arquitetos, por exemplo, por alguns programas, e um preconceito em relação a outros, quer dizer, a inclinação para demandas coletivas ou de natureza pública em detrimento das individualizadas ou as meramente comerciais. Veja que isso não é uma coisa recente, está lá, no artífice, ter que trabalhar para a pólis.

O projeto moral de William Morris é restaurar a integridade ética do trabalho, no sentido de recuperar o contato com o mundo e com a sociedade. Mas o problema é como esse fazer, na sociedade industrial moderna capitalista, pode ser ético. E aí chega nessa ideia de que o trabalho coletivo, associado, cooperativo, gera uma forma que pode ser impessoal, mas que do ponto de vista social, a impessoalidade é a condição para uma fruição aberta e expansiva.

Um passo a mais e chegamos à Bauhaus. Basta fazer a passagem do impessoal para o abstrato. A passagem do artesanato para a indústria se completa. Se o produto do design não mais expressa as marcas do fazer, a forma abstrata é a mais perfeita realização do projeto. Isso não significa, contudo que esse sujeito autoral não esteja aqui. Muito ao contrário, projeto é intrinsecamente, sinônimo de autoria, pois quem faz esse tipo de operação, de raciocínio, mantém intactas as prerrogativas do sujeito renascentista, pois extrai de sua posição e de seu olhar o princípio de autoridade, que chamamos *ponto de vista*. Inteligibilidade, transparência, organização, controle, antecipação, continuam ditando a projetação, como se o arquiteto ainda fosse capaz de antever e solucionar problemas.

Em decorrência, concordo com Peter Eisenman,[IV] quando afirma que as prerrogativas do sujeito ocidental não foram deslocadas na arquitetura, nem mesmo pela arquitetura moderna, como ocorreu na pintura e na literatura modernas. A subjetividade do projetista não foi colocada em questão, o arquiteto não aceitou as fraturas do mundo moderno, preferiu continuar fundado na razão e na consciência.

O paradoxo da modernidade é que não temos como afirmar uma distância ideal das coisas, uma vez que nos situamos entre as coisas, em meio às coisas. Isso não significa que o olhar não tenha um lugar importante, ao contrário, ele continua sendo estruturante, mas o problema é como sustentar o olhar a partir de várias posições e em contínua e acelerada movimentação? Em meio à sucessão de momentos descontínuos, a razão arquitetônica analisa, coordena, sintetiza. O real pode ser fugidio, mas munido de instrumentos atuais e raciocínio reto, o sujeito pode manter sua integridade. O desafio do urbanismo modernista, cuja subjetividade paradigmática é Le Corbusier, é exatamente resolver essa questão. A segurança do projetista mantém-se intocada.

A autoria deve ser *hoje* frontalmente colocada em questão. Questionada radicalmente e discutida, frente à irrevogável crise do sujeito ocidental, moldado pelo humanismo renascentista e repotencializado pelo Iluminismo. Desde Nietzsche e Heidegger até Foucault, Barthes e Derrida, o autor encontra-se questionado e incapaz de manter sua autoconfiança e onipotência. A pergunta de Eisenmann é porque o arquiteto moderno não colocou a si mesmo em questão e, ao contrário, preferiu reagir reforçando seus poderes mediúnicos de antecipação do futuro. Logo, o problema da autoria na arquitetura, precisando melhor, deve ser problematizado naquela que é sua última fronteira intocada: o projeto. Projeto entendido não apenas como um conjunto de raciocínios e procedimentos, mas acima de tudo como lugar da vontade e dos valores do sujeito moderno.

A questão já fora apontada, de outro viés, por Sergio Ferro em seu livro *O canteiro e o desenho*. Ao defender uma reformulação das relações de produção no canteiro, Ferro percebe que isso implica rever as relações de projeto. Por isso precisa voltar ao ato inaugural de Brunelleschi, na conjunção entre a invenção da perspectiva e a construção da cúpula da igreja de Santa Maria del Fiori. Não há como democratizar o canteiro, isto é, romper com a hierarquia entre trabalho intelectual e trabalho manual, sem implicar o projeto na cadeia produtiva e questionar a autoridade do sujeito-projetista.

O apelo atual ao artesanal tem muito de nostalgia do autêntico e do espontâneo como valores capazes de recuperar o contato sincero com o mundo dessubstancializado pelas forças do capital liberal. A moda do orgânico, do não contaminado pelos agrotóxicos e pela engenharia genética, é expressão desse sentimento de perda do mundo-da-vida.

Em *O artífice*, Richard Sennet afirma que ofício artesanal é um trabalho qualitativo, portanto, longe da visão estereotipada de trabalho repetitivo e imitativo. Mas o trabalho bem feito é aquele que não nega a tradição, tampouco a experimentação simultânea. Pode haver um índice de repetição, de recuperação, mas também se abre a várias tentativas simultâneas e interruptas para tentar chegar a alguma coisa que ele não sabe muito bem o que é. Ao mesmo tempo, esse experimentalismo tem essa reiteração que, segundo Sennet, seria um modo de buscar ou conquistar uma ideia de engajamento. Como é que eu posso me engajar? O artesanato não é simplesmente um fazer, antes muito mais, é uma relação social, uma forma de sociabilidade. Como tal, enfim, como forma de sociabilidade, não se restringe a atividades superadas ou anacrônicas no mundo moderno. Em sua reflexão, Sennet aproxima o marceneiro, o pedreiro ao cientista e, inclusive, aos programadores de computador de hoje. Para ele, esse tipo – aquele que sabe manobrar experiência com inovação num campo social ampliado – implica uma ideia de tentar se liberar da cadeia imediatista do tempo da produção e do consumo. Não se trata, portanto, meramente de nostalgia de um paraíso perdido, mas das novas relações de trabalho e de sociabilidade na contemporaneidade.

Precisamos compreender melhor tudo isso, estudar, investigar, refletir, ou seja, ter uma atitude teórica radical sobre isso. Porque senão, corremos o risco de voltar a defender o socialismo utópico, sem consciência histórica de seu fenômeno. •

I. *Enciclopédia Einaudi* – Vol. 3 – Artes-Tonal/Atonal. INCM – Imprensa Nacional/Casa da Moeda, 2004.

II. SENNET, R. *O Artífice*. Rio de Janeiro: Record, 2009, p. 81.

III. ARGAN, G.C. *Walter Gropius e a Bauhaus*. Rio de Janeiro: José Olympio, 2005.

IV. EISENMANN, P. *O Pós-Funcionalismo*. In: NESBITT, K. (org.) *Uma nova agenda para a arquitetura – antologia teórica (1965-1995)*. São Paulo: Cosac & Naify, 2006.

Ensino
letivo
Ensir

# Coletivo-Ensino

## Caminhos contemporâneos

GUILHERME LASSANCE

**Guilherme Lassance** é arquiteto, urbanista e Professor Doutor na Graduação e no Programa de Pós-Graduação em Urbanismo da Faculdade de Arquitetura e Urbanismo da Universidade Federal do Rio de Janeiro onde é líder e coordena o grupo de pesquisa "Urbanismo, crítica e arquitetura".

Instalada em um sítio excepcional, a cidade do Rio de Janeiro tem na paisagem natural seus principais monumentos. O protagonismo da icônica topografia acaba assim "roubando a cena" e assumindo o papel de referencial coletivo que a arquitetura costuma desempenhar em muitas outras cidades. Sem querer com isso desprezar a função simbólica de determinados monumentos arquitetônicos presentes na cidade, em especial aqueles que estiveram associados à função de capital do país, há como uma condição especial que conduz à problematização da questão do monumento e da própria produção arquitetônica enquanto componentes da paisagem urbana frente a esse contexto de exuberância natural. Os desenhos feitos por Le Corbusier, durante a sua vinda ao Rio, mostrando um indivíduo sentado, admirando a icônica paisagem que a arquitetura vem em seguida enquadrar com uma grande janela, têm bastante relevância para essa discussão. Eles representam uma postura assumida por gerações de arquitetos segundo a qual a arquitetura no Rio de Janeiro é mera coadjuvante da paisagem natural e deveria portanto conceitualmente "desaparecer" para não perturbar a plena fruição desse contexto natural tão exuberante.

Mais recentemente, um outro sujeito olha para a paisagem de um vasto trecho de litoral à época ainda intocado pela urbanização. Essa imagem tensiona as questões elucidadas pelo desenho de Le Corbusier, no sentido em que o sujeito em questão poderia representar o dono de uma construtora olhando para o grande potencial econômico daquele território.

Trata-se da Barra da Tijuca, região que funcionou como um verdadeiro *playground* para o mercado imobiliário carioca, que, por sua vez, transformou-se na principal atividade econômica da cidade. Enquanto capital do Brasil, o Rio viveu de uma economia atrelada à atividade administrativa mas, com a perda dessa condição, houve uma polarização econômica em torno do setor da construção civil e do mercado imobiliário. Nessa época, formaram-se grandes escritórios de arquitetura que funcionavam com uma base metodológica importada da realidade norte-americana. Antes mesmo dos computadores se democratizarem, desenvolveu-se uma metodologia de trabalho que transformou o ato de projetar, até então conduzido de forma artesanal por arquitetos-autores, em um processo coletivo, desenvolvido em equipe e organizado como uma linha de produção composta por diferentes agentes e etapas de trabalho – procedimento que contribuiu com a diluição da figura do autor e, por conseguinte, do próprio conceito de autoria dos projetos assim produzidos. Muitos professores de projeto eram funcionários ou sócios desses escritórios que acabavam assim sendo a principal referência de qualidade e êxito profissional para as instituições responsáveis pela formação dos arquitetos.

Isso fica patente nas poucas, mas importantes publicações que fizeram o esforço de realizar um levantamento de referências arquitetônicas no Rio de Janeiro. *O Guia de Arquitetura Moderna no Rio de Janeiro*[I] tem na capa o maior ícone da experimentação arquitetônica desta cidade: o edifício do MEC. Nas páginas seguintes, ele mostra um pouco desse território marcado por uma produção eminentemente autoral da arquitetura moderna carioca. Por outro lado, o acervo de projetos ali reunido é constituído por um grande número de obras produzidas através de uma operação de pura extrusão do gabarito autorizado, resultando em projetos relativamente simples do ponto de vista formal. Esse contexto é referente a obras produzidas pela primeira geração de arquitetos formados no momento político e econômico que se seguiu à inauguração de Brasília, em que se buscou conciliar o incremento de eficiência profissional dos arquitetos com as exigências do mercado imobiliário. Essa lógica especulativa e mercantilista é avessa à experimentação por definição, pois tem por objetivo tornar a produção mais eficiente e lucrativa. Trata-se de um pensamento pragmático que não dá margem para o risco, a falha ou a falta de garantia com relação ao tempo de produção.

O *Arquitetura Moderna no Rio de Janeiro*,[II] de Alberto Xavier, é outro exemplo de guia que também coloca um ícone da inovação arquitetônica na capa: o

MAM (Museu de Arte Moderna), projetado por Affonso Eduardo Reidy. Apesar disso, o roteiro aqui é também composto por uma coleção “infinita” de edifícios rendidos à lógica do mercado imobiliário.

Essas constatações nos levam assim ao *slogan* utilizado por uma construtora para promoção de um de seus recentes empreendimentos: “O mundo que mudou, mude você também”. Podemos então refletir sobre a produção atual da arquitetura carioca através das imagens difundidas pela propaganda desses empreendimentos imobiliários: a ideia de um edifício totalmente descontextualizado em relação à cidade. A presença do embasamento que possibilita o uso de garagens e é endossada pela legislação, cria um novo solo para o edifício – o da área de lazer condominial, de acesso restrito aos moradores e seus convidados, eliminando assim qualquer risco de encontro indesejado ou de convívio com a diversidade de modos de ser, viver e pensar que a cidade oferece. Essa conformação nos fala de um entendimento da arquitetura que abriu mão faz tempo de toda e qualquer reflexão sobre sua relação com a cidade e vem sendo replicado como uma fórmula pronta que dispensa precisamente a espécie de trabalho que poderia justificar a atuação profissional do arquiteto. Apesar disso, esse tipo de projeto continua sendo ensinado como item obrigatório do currículo praticado em muitas escolas de arquitetura do Rio de Janeiro e do Brasil.

*Nova York Delirante*[III] é uma crítica à produção do *star system* (sistema de estrelas internacionais da arquitetura ao qual pertence o próprio autor da crítica em questão, Rem Koolhaas). O discurso, construído a partir do olhar sobre a massiva e anônima produção arquitetônica da ilha de Manhattan, reverberou no debate internacional sobre as cidades. Esse "manifesto retroativo"[1] de Koolhaas é uma rejeição a autores como Frank Gehry, resultando no estudo de uma arquitetura abstrata, sem índole e sem muita ética (no que diz respeito a relação complexa e sofisticada com a cidade). Ao reforçar o caráter de manifesto, Koolhaas explicita a sua vontade de criar uma reinvindicação para o mundo da arquitetura. Sua construção teórica busca escapar da "gaiola dourada" das condições de exceção com as quais vivem e trabalham os arquitetos-estrelas a fim de poder olhar para a produção recorrente e até mesmo anônima das cidades.

O texto "Typical plan", que está no livro *S, M, L, XL*,[IV] aborda a segunda geração de arranha-céus nova-iorquinos. Nele, Koolhaas vai revisitar essas torres de pavimento tipo para dar continuidade a sua teoria. Há uma busca por uma produção menos erudita e mais oportunista da arquitetura, ou seja, por outros elementos que possam ser referência para os arquitetos, visando uma abordagem mais ampliada do mundo da

1. Que justamente toma a cidade já produzida como base de evidências e corpo de provas dos argumentos postos pelo manifesto.

arquitetura. A questão que se apresenta é referente ao embate entre o autor e a coisa por ele concebida; a coisa se dá ao autor e há uma tendência dele se deixar subjugar por ela. Atualmente, muitos arquitetos rejeitam a posição de autor, pois enquanto tal seriam assimilados a atitude de um Frank Gehry cuja produção é frequentemente usada como exemplo de uma arquitetura eminentemente autoral devido à unicidade e iconicidade de suas obras. Porém, a crítica a essa atuação espetaculosa acaba tendo por consequência a redução da arquitetura ao "quase nada".

Ao reivindicar em "Typical Plan" a extrusão volumétrica como técnica para gerar a forma arquitetônica a partir da equação "terreno+legislação+programa", Koolhaas aponta para essa contradição inerente à retórica da dissolução do autor. É preciso lembrar que o arquiteto holandês também é formado em jornalismo e essa atividade profissional dá muito valor à evidência do fato. Por conta disso, é possível perceber que ele carrega essa vontade de construir um discurso a partir de evidências. Koolhass se envolveu com uma série de trabalhos que estudavam comportamentos e fatos supostamente banais para a disciplina, como os viadutos em Lagos e as escadas rolantes em *shoppings centers*. Diante disso, surge a indagação: será que houve uma inversão de valores e esses temas se tornaram relevantes para o fazer da arquitetura? Retomo a produção do mercado imobiliário para dizer que existe uma construção teórica que faz do objeto cotidiano um "objeto-manifesto". Com isso, não hesito em lembrar aqui de Marcel Duchamp, pois o mictório no pedestal do museu não pode ser confundido com o mictório que está nos banheiros: é o mictório como manifesto. Pode soar pretensioso, mas é aí que está a transição que fazemos na publicação *Rio Metropolitano: guia para uma arquitetura*. Nela, tentamos encontrar uma espécie de "manifesto" na cidade do Rio de Janeiro a partir de uma série de evidências concretas presentes na cidade. Retomamos assim os princípios do procedimento utilizado por Rem Koolhaas em sua análise da cidade de Nova York: o método crítico-paranoico emprestado ao artista surrealista Salvador Dalí. No capítulo dedicado à explicitação do método, Koolhaas nos lembra que a paranoia é um *delírio de interpretação* onde "cada fato, acontecimento, força, observação é encaixado num único sistema especulativo e 'entendido' pelo indivíduo afetado de um modo que confirma absolutamente e reforça sua tese". Assim, nos diz ele, "a realidade do mundo externo é usada como ilustração e prova [...] para atender à realidade de nossa mente".[V] E é esse o sentido que o próprio autor confere ao seu trabalho quando o qualifica de "manifesto retroativo". Assim, a paranoia que Koolhaas se auto-inflige o conduz a suspeitar que Manhattan poderia ter sido "deliberadamente projetada como subproduto de um manifesto que, para ser materializado, tinha que ser mantido em segredo"[VI] e que cabe a ele agora revelar através de uma seleção estratégica de evidências. Nesse sentido, Nova York Delirante seria então "nada mais do que a seleção de episódios na história de Nova York que produzem as provas de que a cidade fora planejada e projetada de acordo com tal manifesto".[VII]

Como nos lembra Enrique Walker, "o manifesto retroativo não apenas implica que a evidência precede o argumento, mas também que ela *vem de fora do campo*".[VIII] E é precisamente aí que mora a relação ao mesmo tempo intensa e distorcida que a paranoia estabelece com o mundo real e que permite segundo Koolhaas "destruir, ou ao menos subverter, o catálogo definitivo, detonar todas as classificações existentes, começar de novo".[IX]

Algo que considero muito importante é a questão da representação. Ela nos permite olhar para os objetos cotidianos no Rio de Janeiro e tentar extrair deles alguma coisa que não seja da ordem da aparência. A representação virou protagonista de um debate internacional durante a 12º Bienal de Arquitetura de Veneza. A curadora, Kazuo Sejima, trouxe a questão da experiência como uma espécie de crítica ao formalismo exacerbado da década de 1990 e à própria tradição da Bienal de mostrar objetos em destaque, a aparência da arquitetura e a fabricação autoral da forma. Com isso, houve uma ruptura com a atribuição de boas referências ao que tem um apelo plástico e certa fotogenia. Isso acontece quando passamos a olhar para construções que já conhecemos, como a Cobal do Humaitá. É importante vê-la como uma possível referência de projeto para além de seu estado de conservação material e precariedade física. Em sua origem, o projeto para a Cobal ganhou um prêmio do IAB-RJ, mas hoje não teria o mesmo reconhecimento. Ao encarar uma imagem do projeto podemos nos perguntar: será que a Cobal pode ser uma referência arquitetônica? No entanto, a representação entra como um filtro, um enquadramento e, muitas vezes, um clichê. Quando observamos alguns desenhos desse projeto, percebemos o desprezo da apreensão total da obra e um foco na inteligência da arquitetura enquanto mecanismo. Ao vivenciar esse espaço, é possível perceber a sua complexidade. A ocupação desse território é muito peculiar, pois acontece uma espécie de coreografia: com o anoitecer, os carros vão dando lugar às pessoas, pois o estacionamento se esvazia de sua função primeira e as vagas são tomadas pelo mobiliário dos bares. Ao desnaturalizarmos esse movimento, absorvemos a lição de como o asfalto permite uma sobreposição de programas. Trata-se de um projeto extremamente generoso, criando um aspecto público em um espaço privado.

A grande sina da contemporaneidade é a vontade de abordar todas as questões, mas essa busca é, no mínimo, ingênua. O arquiteto-autor deve ter a capacidade de eleger o que é relevante para determinado projeto. Quando nos aproximamos de práticas artísticas, vemos o quanto é absurda a afirmação de que uma arquitetura deva satisfazer a todas as qualidades preestabelecidas. Diante disso, aproveito para fazer uma transição para o ensino. Os ateliês do curso de arquitetura da ETH de Zurich estão fabricando maquetes físicas e as fotografando, o que pode nos parecer ultrapassado, considerando-se as possibilidades hoje oferecidas pela modelagem digital. Apesar de serem muitas horas de dedicação, ainda assim, elas ficam incompletas. Isso acontece, pois não há interesse no objeto totalizado, mas trabalham-se apenas os aspectos pautados por uma determinada agenda de projeto. Em cada ateliê, diferentes questões surgem e, por conta disso, outros métodos são experimentados. Trata-se de uma abertura para a construção de um olhar totalmente deformado e que se assume como tal para considerar algumas coisas em detrimento de outras.

Tive a possibilidade de frequentar a escola de arquitetura da Architectural Association em Londres durante um programa dedicado ao ensino de arquitetura. Percebi que um ateliê de projeto é um microcosmo criado pelo professor, pois tem todos os seus objetos de afeto.

É um ambiente quase íntimo, mas que torna evidente e legível a pauta da universidade: a diversidade de abordagens. Cada docente tem a liberdade de deixar um acervo de livros (do quadro teórico da disciplina) à disposição dos alunos. Esse gesto já delimita o recorte e a diretriz tomada. Ao longo dos anos, os estudantes passam por autores e abordagens muito distintas. Os problemas considerados e os modos de representação usados dependem de cada troca referente ao ateliê em que o aluno está imerso. Há o reconhecimento de que as escolhas dependem necessariamente das relações entre discursos, repertórios, contextos, modos de representação e técnicas aplicadas. Essa escola deixa assim para trás a intenção de buscar uma verdade absoluta e enfatiza, ao contrário, que a possibilidade de contato com múltiplas verdades e relações são fundamentais para a formação do arquiteto. Os responsáveis por este tipo de escola esclarecem que é preciso passar por cima da devoção a determinados códigos para conseguir formar sujeitos pensantes ao invés de escravos mentais. Exploram múltiplas possibilidades, pois assim permitem outras maneiras de se conceber o mundo. •

## REFERÊNCIAS BIBLIOGRÁFICAS

I. CZAJKOWSKI, J. (org.). *Guia de Arquitetura Moderna no Rio de Janeiro*. Rio de Janeiro: Casa da Palavra/ Prefeitura da cidade do Rio de Janeiro, 2000.

II. XAVIER, Alberto; BRITTO, Alfredo e NOBRE, Ana Luiza. *Arquitetura Moderna no Rio de Janeiro*. São Paulo: Pini, Fundação Vilanova Artigas / Rio de Janeiro: Rio-Arte, 1991.

III. KOOLHAAS, R. *Nova York Delirante*. São Paulo: Cosac Naify, 2008.

IV. KOOLHAAS, R. e MAU, B. *Typical plan. In: S, M, L, XL (Small, Medium, Large, Extra-Large)*. New York: Monacelli Press, 1995.

V. DALÍ [1930] apud KOOLHAAS, R. *Nova York Delirante*. São Paulo: Cosac Naify, 2008. p. 270.

VI. WALKER, Enrique. *Retroactive Manifestos*. In: BUCKLEY, Craig (ed.). *After the manifesto. Writing, architecture, and media in a new century*. Nova York: GSAPP Books, T6) Ediciones, 2014. p. 146.

VII. WALKER, Enrique. *Retroactive Manifestos*. In: BUCKLEY, Craig (ed.). *After the manifesto. Writing, architecture, and media in a new century*. Nova York: GSAPP Books, T6) Ediciones, 2014. p. 146.

VIII. WALKER, Enrique. *Retroactive Manifestos*. In: BUCKLEY, Craig (ed.). *After the manifesto. Writing, architecture, and media in a new century*. Nova York: GSAPP Books, T6) Ediciones, 2014. p. 149.

IX. KOOLHAAS, R. *Nova York Delirante*. São Paulo: Cosac Naify, 2008. p. 273.

## BIBLIOGRAFIA

LASSANCE, G.; BARKI, Jose. *Rem Koolhaas e o discurso de "dissolução" do autor*. In: BRONSTEIN, Lais; OLIVEIRA, Beatriz; LASSANCE, Guilherme; ROCHA-PEIXOTO, Gustavo (Org.). *Leituras em Teoria da Arquitetura IV. Autores*. Rio de Janeiro: Rio Books, 2014.

LASSANCE, Guilherme; VARELLA, Pedro e CAPILLÉ, Cauê. *Rio Metropolitano: guia para uma arquitetura*. Rio de Janeiro: Rio Books, 2013.

Abertura-
ênci
Correspon
Abertura

# Abertura-Correspondência

Refazendo o design

ZOY ANASTASSAKIS

**Zoy Anastassakis** é designer, antropóloga e Professora Doutora na Graduação e na Pós-Graduação em Desenho Industrial da Escola Superior de Desenho Industrial da Universidade do Estado do Rio de Janeiro onde coordena o grupo de pesquisa "Laboratório de Design e Antropologia".

Este artigo está organizado em duas partes: na primeira, comento o trabalho do antropólogo britânico Tim Ingold, no que tange ao debate sobre autoria em projeto. Na segunda, descrevo uma situação que experimentei entre 2016 e 2018, enquanto professora e diretora da Escola Superior de Desenho Industrial, a ESDI/UERJ, e que denominamos de "ESDI Aberta". Colocando o pensamento de Ingold em diálogo com a experiência vivida na ESDI Aberta, espero poder contribuir para o debate sobre autoria em projeto.

No período de que trato na segunda parte do texto, como diretora da ESDI eu também dirigia o recém criado curso de Arquitetura e Urbanismo da UERJ que passava por um processo de incubação na escola. Por conta dessa atribuição, eu buscava me aproximar do debate sobre ensino de arquitetura e urbanismo hoje. No entanto, não pretendo, aqui, tratar especificamente disso, mas, de modo mais amplo, de uma antropologia que vem se aproximando dos processos de projeto, sejam eles em design ou em arquitetura e urbanismo. Neste sentido, trato, aqui, de esboçar uma crítica à ideia de autoria em projeto, crítica essa que se constitui em torno deste duplo movimento: comentar o pensamento de um antropólogo que discute a noção de projeto, e apresentar uma situação experimentada por mim, em que essa mesma noção foi colocada em suspensão.

Tenho me dedicado a investigar as aproximações entre antropologia e design desde minhas pesquisas de mestrado e doutorado.[I] Mais recentemente, já como professora e pesquisadora na ESDI/UERJ, me debrucei sobre o trabalho de alguns autores que vem realizando esforços para conjugar modos de produção de conhecimento em design e em antropologia.[II]

A partir desse trânsito disciplinar, como poderíamos pensar o fazer design? Primeiramente, é preciso esclarecer que quando penso em design estou pensando em projeto, em um âmbito ampliado. Alguns antropólogos têm demonstrado um renovado interesse em arquitetura, design e arte, não para fazer uma antropologia da arquitetura, do design ou da arte, mas, sim, considerando as possibilidades de fazer antropologia com design, com arte e com arquitetura. Eu mesma tenho trabalhado segundo essa perspectiva, como coordenadora do "Laboratório de Design e Antropologia" na ESDI, e por meio da minha inserção em uma rede internacional de pesquisadores em *Design Anthropology, a Research Network for Design Anthropology.*

Nos livros *The Perception of the Environment: Essays on Livelihood, Dwelling and Skill* (2000), *Being Alive: Essays on Movement, Knowledge and Description (2011)*, e *Making: Anthropology, Archaeology, Art and Architecture* (2013), Tim Ingold discute questões que se vinculam mais especificamente aos campos da arquitetura e do design e, de modo mais amplo, às práticas habilidosas dos habitantes do mundo. Em seu último projeto de pesquisa, *Knowing from the inside: Anthropology, Art, Architecture and Design*, ele propõe um exercício de aproximação entre antropologia, arte, arquitetura, design e arqueologia. Nos livros e no projeto, sua proposta é investigar o que a antropologia compartilha com a arqueologia, a arquitetura, a arte, e com o design, explorando, por meio dessas aproximações, os processos criativos em jogo nos ambientes em que habitamos, bem como os modos como nos movimentamos em meio a esses ambientes.

O interesse pelos processos criativos que conformam os espaços de habitação, e pelos modos de percepção e habitação dos seres no mundo faz com que ele entenda que seja possível aproximar antropologia da arquitetura, da arte e do design. Assim, podemos afirmar que ele está interessado em se aproximar da arquitetura e do design por meio do ambiente edificado, e não em se debruçar sobre as edificações e artefatos produzidos por meio do design ou da arquitetura. Essa ideia é o que ele chama de "arquitetura investigativa".[III]

Ele, então, faz uma leitura de Heidegger, com a qual busca desorganizar as ideias de construção e habitação (*building* e *dwelling*). Tenta, assim, reverter a ordem convencionada que organiza em uma sequência linear as noções de projeto, construção e habitação. O que Heidegger quer dizer, e Ingold ressalta, é que construímos porque habitamos o mundo, e não o contrário.

Ou seja, como habitantes do mundo, parte das nossas atribuições de viver é habitar. Logo, precisamos construir. Assim, construímos porque habitamos, e não habitamos porque construímos. Desse modo, construir não pode ser entendido como um mero processo de transcrição de um projeto pré-existente a um produto final.

Esta discussão busca desmontar a proeminência da noção de projeto como algo anterior à construção e, por consequência, à habitação. Segundo essa perspectiva, construir, edificar e habitar são momentos de um processo que, na verdade, é contínuo. No livro *Making*,[IV] há um artigo intitulado *Unbuilding a House*, que trata da construção das catedrais, como a de Chartres. Nesse texto, Ingold comenta que os arquitetos gostariam de pensar o edifício como a cristalização de um conceito formulado a partir de um projeto original. A arquitetura, nesse sentido, teria a ver com as ideias de permanência e completude, o que pra ele é uma ficção, porque, a seu ver, o edifício nunca está terminado. Ele usa o exemplo da Catedral de Chartres para propor que ela nunca foi finalizada, e que a ideia de manutenção daquela coisa que foi construída em um determinado momento seria uma falácia, pois ela está sempre sendo cuidada, manipulada, mexida, transformada. A catedral nunca ficou pronta para que se constituísse um momento de cristalização com que a ideia de conservação opera.

Com isso, Ingold, então, afirma que qualquer edificação é resultado de práticas que são confusas, contingentes, situadas e abertas.

Assim, ele se opõe à ideia de arquitetura como determinação por meio de algum processo mental que forneceria o estudo intelectual para uma edificação, e, também, à ideia da construção como mera realização dessa ideia previamente instituída. Desse modo, ele propõe desmontar a dicotomia que distingue o pensamento e a mentalização de alguma outra coisa que seria uma simples concretização material, a transcrição daquele planejamento, projeto, desenho, em uma construção, que, assim, seria nada mais do que o resultado prático de algo determinado idealmente em um momento anterior. A seu ver, os edifícios são sempre (re)construídos por meio de processos bastante confusos, que ele denomina de "*messy practices*". Os edifícios construídos se transformam, então, em parte de um contínuo habitar, de um contínuo transformar da vida.

Em outro capítulo desse mesmo livro, ele observa a prática de um relojoeiro, para discutir a noção de projeto em design. O texto tem início com uma citação de Vilém Flusser,[V] trazendo a ideia de que as ações de design implicam sempre na criação de armadilhas, uma vez que em meio a esses processos se coloca a prática de projeto como um vetor para a resolução de problemas. Contudo, a seu ver, seria esta mesma prática a responsável não pela resolução, mas sim, pela colocação de problemas. Ingold começa o artigo descrevendo uma mesa de café da manhã, em que tudo é feito para dar errado, a cadeira, a mesa etc. Nada disso faz parte do que é "natural", tudo ali são armadilhas inventadas para complicar a nossa vida, e nós acabamos sentindo que é necessário acumular todas essas coisas pra conseguir comer e sair de casa alimentados, quando essas coisas só complicam, atrapalham a nossa vida.

Assim, com Flusser, Ingold discute a noção de design como trapaça ou truque, que envolve sempre processos de decepção, uma vez que o que há de design ali se coloca como aquilo que ali está não para nos apaziguar, mas, sim, para nos deixar mais frustrados ainda. Ou seja, cada produto de design lança uma armadilha ao apresentar um problema na forma do que parece ser uma solução.

Para seguir com este debate, Ingold propõe: imaginem-se andando em uma trilha no meio de uma floresta. Vocês encontram uma pedra. Imaginem que na mesma trilha vocês encontram um pedaço de um relógio velho. Para ele, se encontrarmos a pedra logo imaginaremos que ela é fruto de um processo de erosão, que ela está ali naturalmente, e por acaso; mas, se encontramos o relógio, pensaremos que ele é fruto de uma intenção de alguém que o projetou. Mas o que está na nossa frente na trilha não é o projeto do relógio, é o próprio relógio, assim como a pedra é a própria pedra.

Há várias leituras possíveis que apontariam para o reconhecimento de um projeto prévio na pedra também, como, por exemplo, uma leitura biológica, ou uma religiosa. Ou seja, no caso da pedra haveria vários modos de entender como é que aquela pedra chega a ser uma pedra no seu caminho. Mas, para o relógio, invariavelmente lançamos o argumento do design, pois supomos que para haver um relógio deve haver, também, um design ou projeto prévio à concretização da peça com que nos deparamos no meio do caminho.

Mas, se não podemos ver o projeto, e só podemos ver o relógio, onde é que está, então, o projeto? Para Ingold, esse projeto existe dentro da cabeça do observador que se deparou com o relógio – então, o que ele sugere é que nós vemos projeto porque, antes de mais nada, acreditamos na ideia de projeto, nos fiamos a ela, somos crentes, fiéis. Tomamos por dado que há uma intenção original, algum tipo de predição, um planejamento anterior à existência daquela coisa, o relógio. Mas isso é uma inferência que fazemos, não temos como provar que é assim, porque outras pessoas diriam de outro modo, ou de outros muitos distintos modos. Ou seja, a ideia de atribuição de responsabilidade final a um projeto prévio é uma posição, é um modo de entender as coisas, e, talvez, este seja tão somente o nosso determinado modo de entender as coisas.

Avançando com o debate, Ingold faz uma analogia entre o construtor de uma catedral e o relojoeiro. O relojoeiro trabalha sempre em meio aos materiais e de modo bastante diferente do designer. Ele está ali com os materiais na mão, tendo que trabalhar com uma precisão manual e, no caso dele, visual, muito grande, antecipando o que vai acontecer e sempre em um embate com os materiais, não simplesmente executando o que foi pré-determinado por alguém que não está ali. A noção de antecipação, que ele recupera do trabalho do Richard Sennett,[VI] quer ser contrária à noção de preconcepção, que estaria embutida na ideia de projeto. Então o antecipar do relojoeiro é bastante distinto do preconceber do arquiteto e do designer, porque o relojoeiro tem que estar sempre em um passo à frente dos materiais e não olhando para um plano determinado lá atrás, que ele simplesmente vai executar.

Para Ingold, fazer design não seria o caso de determinar as formas finais das coisas e todos os passos necessários para se chegar lá, mas, sim, abrir um caminho, improvisando uma passagem. Logo, prever seria diferente, e até mesmo contrário à ideia de preconceber. Ele propõe que prever é ver dentro do futuro, é nos colocarmos no futuro e estar diante das coisas, e não antes delas. É olhar para onde se está indo e não determinar o ponto final. O projeto como planejamento, que pode, inclusive, ser passado manualmente de uma pessoa para a outra, carrega a ideia de que, ao fim, se chega a um ponto final. O relógio está pronto. Diferentemente, Ingold sugere que não é assim que as coisas acontecem. Projetar, de fato, do modo com que ele entende que acontece o que denominamos de projeto, é sempre estar atento para as aberturas, para as contingências, para o aspecto situacional do fazer daquele relógio, da construção daquele relógio, ou da construção daquela catedral.

Ele considera que isso tem mais a ver com profecia do que com predição. O trabalho do fazedor seria juntar as peças que estão ali na sua frente, trazendo para a situação a sua habilidade técnica e, nesse sentido, ele estaria, então, trabalhando com a noção de correspondência[VII] – um conceito que ele lança como uma alternativa à noção de projeto. Ele afirma, então: na verdade, a gente deveria corresponder a esses processos que envolvem sempre a imaginação, pessoas imaginando coisas, e lidando com os materiais com os quais as constroem. Com isso, ele nos lembra que o relojoeiro vive sempre entre as peças, nunca acima ou além delas. Ele comenta, então, a noção de previsão antecipatória, que consistiria em lidar com o processo construtivo, em estar sempre tentando prever e antecipar o que vai acontecer, não tanto para fazer a ponte entre aquela idealização prévia e o resultado construído final, mas para caminhar entre, seguindo e reconciliando o modo de ser dos materiais e os processos imaginativos dos habitantes do mundo.

Se entendemos as coisas assim, o que pode, então, significar fazer projeto? Se não se trata do planejamento prévio com vistas a uma futura implementação, no que consistiria? Concluindo, Ingold lança a sua definição: *to design*, ou melhor, o ato de projetar, seria a antecipação de futuros imaginados, não a busca de completude ou finalização, mas, sim, uma disposição para a abertura que se liga mais a ações e aspirações do que a planos e predições, e que, assim, teria que trabalhar sempre capturando os *insights* dessa imaginação que está todo o tempo querendo escapar, trazendo essa imaginação para o presente e para os engajamentos materiais situados e incorporados.

Com isso, ele propõe que os arquitetos e designers deveriam atuar como caçadores ou coletores de sonhos, na tensão entre os sonhos, as aspirações e os constrangimentos materiais, e não na oposição entre intelectualidade cognitiva e execução mecânica. Então, nesse sentido, os designers e os arquitetos deveriam residir entre o reino da imaginação e o encontro com os materiais.

Isso tudo nos leva a pensar, também, sobre a noção de autoria. Se atuamos como esses coletores de sonhos e se, antes de sermos projetistas, somos sempre também habitantes do mundo, então não estamos sozinhos, porque não habitamos o mundo sozinhos. Se o trabalho de construção, edificação, projeto e design é sempre situado, sempre incorporado, sempre engajado, com esse debate podemos, também, questionar o conceito de autoria. Nesse sentido, as propostas de Ingold se aproximam das práticas de codesign que tem uma história consolidada na Escandinávia. Não por acaso, foi a partir da Dinamarca que se constituiu a *Research Network for Design Anthropology*, rede que reúne pesquisadores engajados com experimentações entre os campos do design e da antropologia.

Junto a meus alunos na ESDI, fiz parte de um projeto de cooperação bilateral que se estendeu por dois anos, entre 2014 e 2015, e que vem se desdobrando desde então. Com essa parceria, nós e a equipe do *Codesign Research Centre*,[VIII] na *Royal Danish Academy of Fine Arts*, nos aproximamos da tradição escandinava de codesign, que já investigávamos há algum tempo, no LaDA. Com essa parceria pudemos explorar, mais de perto, de que modos poderíamos introduzir o prefixo "co" nos processos de design. Com isso, terminamos por questionar, também, a noção de autoria em projeto. Entretanto, estas são questões conceituais, do mundo das ideias. Agora, eu gostaria de deixá-las de lado para apresentar um processo que experimentei na ESDI entre 2016 e 2018, e no qual, dentre outras coisas, colocamos à prova a noção de autoria em projeto.

A Escola Superior de Desenho Industrial (ESDI) foi

criada pelo governo do Estado do Rio de Janeiro (à época Estado da Guanabara), em 1962. Em 1975, ela foi anexada à Universidade do Estado do Rio de Janeiro (UERJ). Estudei na ESDI nos anos 1990 e, desde 2012, sou professora adjunta da escola. Entre março de 2016 e dezembro de 2018, atuei, também, como sua diretora. Em 2015, ano em que seriam eleitas as novas diretorias de unidades acadêmicas bem como a nova reitoria da UERJ, na ESDI ninguém se candidatou ao cargo de direção.

Como eu e o Professor Marcos Martins estávamos envolvidos no processo de revisão do currículo do curso de graduação em design, nos preocupava a questão da sua implementação. Pensávamos que se não acompanhássemos de perto aquele processo, a implementação do novo currículo não se concluiria plenamente. Então, resolvemos apresentar uma chapa para a direção. Não foi uma coisa acalentada, sonhada, ou planejada, mas nos lançamos ao desafio, que teria consequências inimagináveis, uma vez que, logo após a nossa posse, em março de 2016, a UERJ se viu diante de uma grave crise, quando o governo do Estado passou a atrasar, parcelar e suprimir os pagamentos de salários, bolsas de estudo e verbas para manutenção da universidade. Então, nós ficamos lá, tendo de cuidar da escola sem receber salário, sem dinheiro para comprar uma lâmpada e, além do mais, tentando imaginar meios de manter a escola aberta. Naquele período, nosso trabalho à frente da direção se resumia a investigar meios para manter a escola aberta.

Em meio a este processo, no início de 2017, nós conseguimos construir um novo acesso ao campus da escola, ocupando, assim, grande parte do terreno que se encontrava abandonado desde os anos oitenta. Eu queria comentar, agora, esse processo. Já em 2013, alguns professores e alunos reuniram-se para pensar o que se queria para a escola, imaginando, dentre outras coisas, como ocupar a grande faixa do terreno em que futuramente terminamos por construir o novo portão.

Em 1963, em mutirão, alunos e professores construíram um pavilhão expositivo que se abria para a rua do Passeio. Quando estudei na ESDI, nos anos 1990, o pavilhão já havia sido demolido, e um muro separava a escola da parte do terreno que se estendia até a Rua do Passeio. Em 2017, o que fizemos foi reabrir o que já havia sido aberto, inclusive, também, por meio da ação direta dos alunos.

Até 2016, aquela faixa do terreno vinha servindo de apoio para a construção de um prédio no local onde existia o antigo Cine Plaza, que ficava colado ao nosso terreno. Ainda em 2013, passamos um tempo ali com alguns alunos e professores, nessa oficina que chamamos de "Imagina só". Naquele momento, nossa proposta era imaginar não somente o uso dos espaços, mas, também, o que queríamos para a escola, de um modo mais amplo.

Buscávamos entender, até como parte do processo de revisão curricular, que já se estendia há um tempo, o que seria uma escola de design hoje. Daí surgiram, obviamente, muitas ideias em torno de modos de construir com pouco dinheiro ou via mutirão. Na época, não tínhamos meios para construir nada, e tampouco tínhamos a posse do terreno: até há pouco tempo, a UERJ não era proprietária do terreno. Havia, então, todo um processo de especulação imobiliária em torno daquela área. Por fim, esse processo especulativo resultou com que a UERJ pleiteasse, com êxito, a posse do terreno.

Então, vivíamos sob ameaça. Isso nos levou a considerar que era preciso fazer algo pra pensar, inclusive, a possibilidade de ocupar aquela faixa de terreno, levando em conta, também, a revisão do curso, que precisaria de melhores instalações para se expandir. Lançamos algumas ideias e, nesse processo, surgiu, obviamente, a vontade de pensar em construir uma nova abertura para a Rua do Passeio. Convidamos o arquiteto Pedro Évora para estudar conosco a possibilidade de fazer alguma coisa, até com containers, de um modo que não fosse exatamente construir algo fixo, um edifício.

Convidamos Pedro Évora porque, através da Editora Temporária, travamos contato com a publicação resultante da sua pesquisa de mestrado.[IX] Pensamos que o seu trabalho apresentava muitas ressonâncias com o que imaginávamos fazer, então, conversamos com ele, e, em seguida, lhe passamos todos os desenhos que tínhamos realizado na oficina. A partir dos nossos desenhos, ele desenvolveu uma série de projeções, uma antevisão de uma possível abertura da escola para a Rua do Passeio.

Com essas imagens, buscaríamos parcerias para realizar algo naquela parte do terreno. Entramos em contato com o Instituto Rio Patrimônio da Humanidade, órgão da Prefeitura da Cidade do Rio de Janeiro, através do arquiteto Washington Fajardo, e ele, então, intermediou uma conversa nossa com a construtora que gerenciava o empreendimento de reforma do antigo Cine Plaza. Reunimos alguns professores do curso de arquitetura e urbanismo e o gestor do projeto de reforma do edifício ao lado. Ele disse: "Eu gostaria de construir um jardim naquele terreno abandonado". Ao que respondemos: "Bom, a gente quer construir um novo portão ali para a nossa escola".

Começamos a investigar, então, como seria esse portão-jardim. Queríamos que a escola pudesse se abrir para a rua e que da rua se pudesse perceber a escola. Afinal, até aquele momento, quem passava pelos Arcos da Lapa ou pela Rua Evaristo da Veiga não podia sequer notar a ESDI, que é cercada por um grande muro cinza, e que, no seu antigo portão de entrada, na Rua Evaristo da Veiga, não contava com nenhuma sinalização. Com a abertura de um novo portão, queríamos trazer permeabilidade e visibilidade para a escola.

Começamos por ter reuniões com o que, afetuosamente, chamamos de “conselho de anciãos”, os nossos professores mais velhos, que também tinham sido alunos da escola. Além deles, fomos levando esse primeiro anteprojeto para outros professores, alunos e funcionários, sempre incorporando as suas críticas e sugestões aos desenhos seguintes, que abriam novas rodadas de conversa. Logo em seguida, tivemos reuniões com a administração central da universidade. A partir desse processo, de fazer circular as ideias entre diferentes pessoas, fomos esboçando novos desenhos, modificando o projeto, e, então, quando a construtora assumiu o desenvolvimento do projeto executivo, já havia uma série de ideias coletadas e sistematizadas em desenhos organizados por professores do nosso curso de arquitetura e urbanismo, tais como Ana Beatriz Ferreira e Bernardo da Silva Vieira.

A equipe de arquitetura da construtora assumiu a responsabilidade pelo projeto executivo do portão, então passamos a negociar os detalhes do projeto também com ela, sempre trazendo de volta as plantas que nos eram apresentadas para debate em meio à comunidade. Esse foi um processo que durou alguns meses, e, sempre, com alunos à mesa. Enquanto diretores da escola, não fizemos nenhuma reunião sem a presença de, pelo menos, um aluno de graduação e de pós-graduação, discutindo conosco. Por fim, debatendo as ideias para o novo portão em meio a esse conjunto de pessoas entre a ESDI, a UERJ, a prefeitura e a construtora, conseguimos dar início à obra.

Nesse intenso ir e vir de desenhos e plantas, chegamos, finalmente, a um desenho do portão e do jardim que, no entanto, não é exatamente o mesmo que pode ser visto hoje, quando se entra na ESDI. Isso porque durante a construção, o processo de negociação entre a escola, a universidade e a construtora continuou acontecendo, no mesmo ritmo. Fomos afinando as coisas enquanto a obra acontecia, discutindo a cada dia como ajustar os detalhes de modo a que fosse viável fazer algo que respondesse, de modo mais abrangente, a todas as partes envolvidas.

Esse processo teve lugar junto a uma série de encontros onde muitos ex-alunos se reaproximaram para a escola. No mesmo período, no início de 2017, um ex-aluno e um ex-professor, Nelson Motta e Zuenir Ventura, respectivamente, publicaram textos no jornal *O Globo* comentando que a ESDI estava em risco a acabar. Isso foi muito importante porque ex-alunos começaram a retornar para a escola, se oferecendo para ajudar a manter a escola aberta. Isso gerou um intenso debate presencial, para pensarmos todos juntos em como manter a ESDI aberta. Ainda em janeiro de 2017, tivemos uma primeira reunião em seguida a essas matérias de jornal, onde compareceram muitos ex-alunos, bem como alunos, professores e funcionários.

Em seguida, reativamos a associação de ex-alunos, que organizou a arrecadação de doações para a escola. A partir desses encontros, decidimos organizar um evento para comemorar a abertura do novo portão, e para lançar um novo website que foi realizado em parceria com uma empresa de dois ex-alunos, que desenvolveram um sistema para gerenciamento de conteúdo complexo na web. Com esse sistema, pudemos colocar no novo site da escola a nossa história, a memória dos ex-alunos e ex-professores, e, também, as teses de doutorado, dissertações de mestrado e os projetos de conclusão da graduação.

Atravessando uma grave crise, conseguimos reunir a comunidade, lançar um novo website, e abrir a escola para a cidade. Esse movimento recebeu o nome de ESDI Aberta. Na verdade, entendemos que se tratava de um movimento político, micropolítico. Abrimos um portão e lançamos um portal, e fizemos uma festa para comemorar esses feitos. Conseguimos reunir algum dinheiro e pudemos, com isso, subsidiar transporte e alimentação para os alunos cotistas, que estavam sem receber as bolsas de auxílio permanência. Com parte desse dinheiro, pudemos, também, comprar suprimentos para os laboratórios, e pagar os salários do zelador da escola, que fora demitido pela empresa terceirizada à qual ele estava vinculado. Enfim, entendemos que com esse movimento, estávamos reinventando modos de a escola existir. Outros modos de viver na escola.

Hoje, então, o visitante entra e sai da escola por esse jardim. Com madeira reaproveitada da oficina de materiais, alguns alunos construíram a sigla ESDI, que foi afixada na entrada do jardim. Então, esse virou um local onde muitas pessoas posam para fotos. É engraçado, porque as pessoas entram na ESDI para tirar foto junto a essas grandes letras vermelhas, E-S-D-I, como acontece em lugares turísticos. Isso é divertido porque as letras criaram um atrativo para as pessoas ali, e nós insistimos com a equipe de segurança que esses curiosos devem poder entrar, pois a escola precisa se constituir como um espaço público, em interação direta com a cidade. Mas, em geral, a porta fica fechada, os seguranças tem medo que entrem bandidos. Então, a negociação para garantir a abertura foi sendo constituída em meio a esforços constantes com diversos setores da comunidade acadêmica, como, neste caso, a equipe de segurança, mais preocupada em proteger o patrimônio dentro do campus.

Ao lado do novo portão, também montamos uma pequena cozinha. Um aluno doou um fogão, o outro o gás, um outro as panelas e eles passaram a cozinhar lá. Isso foi muito importante porque não havia bandejão na escola, e os alunos, que estavam sem receber as bolsas de estudo, assim como os professores e funcionários, sem receber salário, não encontravam meios para se alimentar fora, em restaurantes. Naquele período, sempre havia um grupo de alunos cozinhando para um conjunto de pessoas que se identificava no início do dia, contribuindo com uma pequena quantia de dinheiro para a aquisição dos alimentos.

Após a abertura do portão, sem sucesso tentamos contato com a CET-RIO, porque havia um estacionamento de motocicletas em frente ao novo acesso para a escola. Logo antes, nós solicitamos à prefeitura, desta vez com êxito, a retirada de uma banca de jornal abandonada que se encontrava no mesmo local. Entretanto, no caso do estacionamento de motocicletas, não conseguimos nenhum tipo de retorno.

Com esses exemplos, eu quis apresentar parte do que experimentamos na ESDI entre 2016 e 2018, episódios que nos ajudam a questionar a ideia de uma determinação projetual autoral prévia aos acontecimentos, ou, ainda, a certeza da possibilidade de se determinar algum tipo de planejamento ou projeto em meio a situações complexas, como essa de uma escola pública tentando seguir existindo em meio a uma grave crise política e financeira. Enquanto uma comunidade acadêmica, entendíamos estar vivendo um processo de experimentação coletiva para tentar garantir a permanência, garantir a abertura, garantir a possibilidade de ser uma escola de design pública, gratuita e de qualidade.

Numa situação como essa, todas as pequenas ações cotidianas são partes fundamentais. O que determina os acontecimentos é a capacidade de resposta *in loco*, no calor dos acontecimentos. Não sendo possível imaginar o desenho em separado de sua execução, e a determinação de uma forma para além de intensas negociações coletivas, em que muitos diferentes se engajam no fazer cotidiano. Eu quis apresentar essas experiências para pensar, praticamente, as questões que, na primeira parte do texto, abordei de uma perspectiva mais teórica. Espero que com esse relato, possamos ampliar o debate sobre a noção de autoria em projeto, de uma perspectiva sempre mais engajada, incorporada, situada e aberta, em correspondência ao que nos afeta não somente como projetistas, mas, antes de mais nada, como habitantes do mundo. •

I. ANASTASSAKIS, Zoy. *Triunfos e Impasses: Lina Bo Bardi, Aloisio Magalhães e o design no Brasil*. Rio de Janeiro: Lamparina Editora, 2014.

________________. *Projeções, provocações e especulações entre design e antropologia no centro da cidade do Rio de Janeiro*. In: FERRO, Ligia; RAPOSO, Otavio; GONÇALVES, Renata de Sá (Orgs.). *Expressões artísticas: etnografia e criatividade em espaços atlânticos*. Rio de Janeiro: Mauad X: FAPERJ, 2015, p. 209-228.

ANASTASSAKIS, Zoy; SZANIECKI, Barbara. Conversation dispositifs: towards a transdisciplinary anthropological approach. In: SMITH, Rachel Charlotte; OTTO, Ton; VANGKILDE, Kasper Tang; HALSE, Joachim; BINDER, Thomas; KJAERSGAARD, Mette Gislev (Eds.). *Design Anthropological Futures: exploring emergence, intervention and formation*. London, New York: Bloomsbury, 2016, p. 121-138.

SMITH, Rachel Charlotte; OTTO, Ton; VANGKILDE, Kasper Tang; HALSE, Joachim; BINDER, Thomas; KJAERSGAARD, Mette Gislev (Eds.). *Design Anthropological Futures: Exploring Emergence, Intervention and Formation*. London, New York: Bloomsbury, 2016.

II. CLARKE, Alison (Ed.). *Design Anthropology: object cultures in transition*. London, New York: Bloomsbury, 2018.

GATT, Caroline; INGOLD, Tim. *From Description to Correspondence: Anthropology in Real Time*. In: GUNN, W.; OTTO, T. and SMITH, R. C. (Eds.). *Design Anthropology: Theory and Practice*. London, New York: Bloomsbury, 2013, p. 139–58.

GUNN, Wendy; DONOVAN, Jared (Eds.). *Design and Anthropology*. Farnham: Ashgate, 2012.

GUNN, Wendy; OTTO, Ton; SMITH, Rachel Charlotte (Eds.). *Design Anthropology: Theory and Practice*. London, New York: 2013.

HALSE, Joachim. *Design Anthropology: borderlands experiments with participation, performance and situated interventions*. Tese de doutorado. IT University of Copenhagen, 2008.

HALSE, Joachim; BRANDT, Eva; CLARK, Brendon; BINDER, Thomas (Eds.). *Rehearsing the Future*. Copenhagen: The Danish Design School Press, 2010.

MARCUS, George; RABINOW, Paul. *Designs for an Anthropology of the Contemporary*. Durham, London: Duke University Press, 2008.

III. INGOLD, Tim. *Making: Anthropology, Archaeology, Art and Architecture*. London, New York: Bloomsbury, 2013.

IV. INGOLD, Tim. *Making: Anthropology, Archaeology, Art and Architecture*. London, New York: Bloomsbury, 2013.

V. FLUSSER, Vilém. *On the word design: an etymological essay*. In: ____. *Design Issues*, 11(3), 1995, p. 50-53.

VI. SENNETT, Richard. *The Craftsman*. London: Penguin, 2008.

VII. INGOLD, Tim. *On human correspondence*. Journal of the Royal Anthropological Institute (N.S.), 23, 2016, p. 09-27.

VIII. HALSE, Joachim; BRANDT, Eva; CLARK, Brendon; BINDER, Thomas (Eds.). *Rehearsing the Future*. Copenhagen: The Danish Design School Press, 2010.

IX. ÉVORA, Pedro. *Cidade-andaime: estruturas transitórias na cidade contemporânea*. Rio de Janeiro: Editora Temporária, 2013.

Escrita
scrita

# Montagem-Escrita

omânticos e o anonimato

PEDRO DUARTE

Montagem-

**Pedro Duarte** é ensaísta e Professor Doutor de Filosofia na Graduação, na Pós-Graduação e na Especialização em Arte e Filosofia do Departamento de Filosofia da PUC-Rio onde é líder e coordenador do grupo de pesquisa sobre "Arte, Autonomia e Política".

Muitas obras e criações em nossa história são dificilmente explicadas, em suas gêneses, pelo conceito de autor. Pense-se na *Odisseia* e na *Ilíada*. Os grandes poemas épicos da Grécia são atribuídos a Homero, mas poucos têm certeza se ele de fato os escreveu; se escreveu sozinho ou junto com outras pessoas; ou mesmo se sequer existiu. Esse exemplo tão originário quanto central para a cultura ocidental é suficiente para suspender a naturalidade pela qual tratamos, hoje em dia, o fenômeno da autoria, como se fosse necessário e incontornável para explicar a gênese de uma criação, o nascimento de uma obra de arte. Não há nada de natural aí. Trata-se de uma compreensão histórica, que ganha força particular na época moderna, segundo a qual as obras teriam a sua origem no sujeito. No caso de Homero e dos antigos gregos, para voltar ao exemplo, o verdadeiro móbile dos versos, para eles, são deuses ou musas, portanto o autor era, no máximo, um veículo do que era dito. Basta, então, pensar na experiência da arte grega para elaborar uma crítica que relativize a noção corrente de autoria.

Contudo, gostaria aqui de tomar outro caminho, um caminho que permita pensar a crítica da autoria junto com a autoria crítica. Esse caminho se dá no interior da própria época moderna. Ele se expressa, especialmente, no advento dos movimentos estéticos coletivos. Nos últimos anos, escrevi livros a respeito de três deles: o Romantismo alemão de Iena, no fim do século XVIII; o Modernismo brasileiro, ainda no começo do século XX; o Tropicalismo, já no final da década de 1960, também no Brasil. Em todos eles, uma experiência coletiva na criação de obras foi crucial, matizando, relativizando ou até negando a ideia de autoria individual, isto é, de um sujeito ou de uma pessoa exclusiva plenamente responsável por tais obras. O primeiro movimento, o Romantismo, foi o mais radical: produziu escritos sem sequer uma assinatura. O segundo, o Modernismo, teve experiências mais sutis: quem seria responsável pela ideia de antropofagia, por exemplo, Tarsila do Amaral, que a desenhou e pintou nas artes plásticas, ou Oswald de Andrade, seu marido, que a anunciou em um manifesto? O terceiro movimento, o Tropicalismo, criou um disco coletivo em 1968, *Tropicália ou Panis et circencis*, no qual os onze integrantes do grupo tiveram participação decisiva. Caetano Veloso liderou o processo, mas juntos estavam Gilberto Gil, Gal Costa, Tom Zé, Torquato Neto, Capinan, Nara Leão, o maestro Rogério Duprat e Os Mutantes. Ora, o caminho que tomarei para pensar criticamente a autoria é checar como ela aparece, ou desaparece, em um movimento estético coletivo.

Destacarei, aqui, o Romantismo alemão, não apenas por sua radicalidade na crítica da autoria, mas por ter ele explicitado, conscientemente, a autoria crítica em seus fragmentos. Na época do Romantismo alemão, século XVIII, o conceito moderno de autor ainda estava emergindo, cristalizando-se historicamente. Contudo, o Romantismo de Iena já o criticava, com a prática de outra forma de escrever. Quando se tenta, hoje, fornecer a bibliografia de um curso sobre o Romantismo alemão, a própria exigência de referências é dependente de uma noção – clara e definida – de autor que era problemática para o movimento. No Brasil, por exemplo, a edição mais relevante (muito bem feita) do material dos primeiros românticos alemães está no livro *O dialeto dos fragmentos* (1997), no qual o autor identificado, com seu sobrenome em destaque na capa, é Friedrich Schlegel. No entanto, o que está escrito no livro, em grande parte, não tinha sido publicado com o seu nome, ou de qualquer outra pessoa, mas sem assinatura, na revista *Athenäum*. Não havia a identificação de Friedrich Schlegel, ou de qualquer outro membro do seu grupo: sua esposa, Dorothéa Schlegel; seu irmão, August Schlegel; sua cunhada, Caroline Schlegel; seu amigo, Novalis; nem Schelling. Todos estes estavam envolvidos na construção dos fragmentos críticos e poéticos que surgiram. Para eles, porém, os escritos não pertenciam a nenhum autor individual; e é por isso que se torna tão difícil chamá-los de autores. Em que medida eles seriam autores de uma coisa que nem assinaram como tais?

Foi assim que os primeiros românticos colocaram em atividade um processo de produção de escrita completamente diferente do que até então era conhecido e daquele com que, até hoje, estamos acostumados. Eles o chamaram de sinfilosofia e de simpoesia, onde o prefixo "sim" aponta para o mesmo significado presente em "simpatia": é afinidade que junta, é disposição comum. Essa proposta justifica que boa parte das publicações do grupo romântico tenha sido veiculada sem a assinatura dos seus integrantes. Escritos produzidos em meio a uma troca tão intensa de pensamentos não poderiam ter a autoria atribuída a um só sujeito. Coroavam o fim da dança de palavras que havia se dado nos encontros do grupo. Não é possível decidir quem sugerira cada passo. Mas a dança estava lá. É o que, aliás, deveríamos até hoje encontrar em tais escritos: a dança anônima dos múltiplos sentidos.

Mais tarde, vários estudos de estilo foram feitos visando a atribuir autoria àquilo que, em seu princípio, não possuía autor. Hoje, esses primeiros escritos românticos foram cuidadosamente classificados, para podermos distinguir quais pertenceriam a quem. Dissolveu-se, com isso, a proposta do grupo e, pior, corremos assim o risco de esquecer que ela estava fundada em sua filosofia da linguagem. Mesmo quando assinavam textos, os membros do grupo, enquanto ele perdurou, estavam escrevendo no âmbito dessa filosofia. "Uma época inteiramente nova das ciências e artes começaria", segundo eles, "talvez quando sinfilosofia e simpoesia tivessem se tornado tão universais e tão interiores, que já não seria nada raro se algumas naturezas que se complementam reciprocamente constituíssem obras em conjunto"; até mesmo porque "muitas vezes não se pode evitar o pensamento de que dois espíritos poderiam no fundo pertencer um ao outro, como metades separadas, e só juntos ser tudo o que pudessem ser".[1] Isso explica os primeiros românticos alemães terem formado um grupo amoroso que testemunhou uma troca tanto intelectual quanto afetiva entre seus integrantes. Só com o amor – entendido não como mero sentimentalismo e sim enquanto possibilidade de encontros entre diferenças que através dele se aproximam – poderiam acontecer sinfilosofia e simpoesia. Reciprocidade era a chave para abrir essa produção conjunta sem autoria única, potencializando partes que, se ficassem separadas, talvez fossem privadas do que juntas seriam capazes.

É fundamental entender que, assim, o modo de produção autoral, aquele que busca identificar a autoridade do autor, estava sendo quebrado com o grupo romântico. Nesse sentido, mesmo que se considere legítima e precisa a investigação pela qual se descobre quem escreveu uma determinada frase, o escritor talvez não seja o que os românticos entendiam como autor. Isso quer dizer que o modo de produção do pensamento crítico e poético dos primeiros românticos alemães era, concreta e biograficamente, coletivo. Tratava-se de um grupo de pessoas que se reunia programaticamente para discutir sobre arte e filosofia. Mesmo que Friedrich Schlegel tenha sido aquele que mais vezes colocou no papel aquilo que se discutia, ele talvez não se sentisse propriamente autor daqueles fragmentos, já que eles refletiam uma "conversa sobre a poesia". Esse aliás é o título de outro texto publicado na *Athenäum* em que Schlegel assume a responsabilidade para si e explica como se dava a escrita coletiva do seu grupo romântico.

*Tem sido sempre estimulante falar de poesia com poetas e pessoas de inclinação poética. De muitas conversações deste gênero jamais me esqueci, enquanto de outras já não sei ao certo o que pertence à fantasia e o que pertence à lembrança. Muita coisa efetivamente ocorreu e o resto terei inventado. Como na conversa que se segue que deve apresentar, em oposição, pontos de vista completamente diferentes. Cada qual podendo apontar o espírito infinito da poesia sob uma nova luz e todos eles se esforçando mais ou menos, às vezes de um ângulo, às vezes de outro para alcançar o âmago da questão. O interesse desta variedade de abordagens fez-me decidir por partilhar o que havia observado numa roda de amigos e inicialmente pensado apenas em referência a estes.*[11]

O artifício retórico montado no trecho desestabiliza e descentraliza qualquer autoridade – e a palavra autoridade contém em si "autor" – que pudesse ser identificada na voz do escritor. O que o autor Schlegel pensa sobre a poesia? Não há resposta unívoca, porque o ensaio é como uma montagem teórico-literária, em que as inúmeras posições sobre o que é, ou seria, poesia enfrentam umas às outras. É a pluralidade dos pontos de vista o que torna quase impossível a centralização do referente extraliterário, que seria o autor. Digo isso porque acho que um dos motivos pelo qual recorremos tanto a essa noção de autor é um certo terror que nos infunde a desestabilização da produção poética, ou seja: é o autor que nos dá uma referência. É o hábito de, quando se está visitando um museu, olhar aquela plaquinha – que indica o nome do artista – antes até de contemplar a obra. Pois esse nome organiza e assim acalma a desestabilização selvagem da poesia: aquilo pertence a quem? E, desse modo, configuramos uma identificação que amaina a potência produtiva ou irruptiva da dimensão poética. Portanto, a estratégia dos primeiros românticos alemães consistia na supressão da identificação autoral, potencializando a desestabilização da produção poética com a linguagem. Não seria possível dizer: "isso é do Friedrich Schlegel", "isso é do Novalis", ou "um pensa isso e o outro aquilo". É um ambiente muito mais complexo, há uma fusão e temos que nos referir a uma multiplicidade de autores, com a problematização da própria ideia de autor único, claro e simples.

"Filosofar significa buscar onisciência em conjunto",[III] como lemos em um dos fragmentos do grupo. Esta frase explica que o Romantismo alemão formasse um grupo: pessoas filosofando juntas ao buscar a verdade. Ela também justifica a escrita em fragmentos, pois estes, em vez de formarem um todo monolítico, apresentam-se em partes: sua onisciência viria do conjunto de sua pluralidade. E evidencia ainda que, se o sentido das palavras não é controlado pelo seu autor, este entra em contato com o leitor de uma forma diferente da que estamos habituados: buscando a onisciência em conjunto. O leitor participa dessa construção do sentido levantado pelas próprias palavras. Por sua vez, o escritor "não quer produzir nenhum efeito determinado sobre ele, mas com ele entra na sagrada relação da mais íntima sinfilosofia ou simpoesia".[IV]

Pode-se perceber que a sinfilosofia e a simpoesia, na origem do Romantismo alemão, diluíam a centralidade da figura do autor, enquanto, historicamente, a modernidade a cristalizava. Tal figura "faz parte da evidência de um novo modo de produção de sentido, que é habitualmente referido pela noção de 'subjetividade moderna'", comenta Hans Ulrich Gumbrecht. Nela, "o homem concebe-se como a instância que confere seu sentido aos fenômenos, por oposição à cosmologia medieval, fundada, em razão do ato divino da criação, na imanência do sentido".[V] Sem Deus como referência de estabilização do sentido entre palavras e coisas, os modernos a colocaram no sujeito como autor. Essa condição epistemológica foi fortalecida pela invenção concreta da imprensa, uma vez que ela "transformou em caso excepcional o que até então era a situação normal da comunicação humana, a saber, a copresença física dos participantes", de acordo com Gumbrecht, cuja conclusão então é que, "com o desaparecimento da situação de interação direta, os leitores tiveram necessidade de uma nova orientação para dominar o risco de uma plurivocidade, ou mesmo de uma confusão, de sentido". Extemporaneamente, no fim do século XVIII, os primeiros românticos alemães destituíam o valor da autoria, pois queriam justamente acolher, ao invés de expulsar, essa confusão do sentido que começava a dominar a época moderna, enxergando a plurivocidade como uma potência positiva, e não um problema negativo. Essa confusão exigiria que o leitor entrasse em relação ativa e criativa com a obra, pois o sentido não poderia ser estabilizado pela remissão à figura da autoridade subjetiva.

Nesse ponto, o Romantismo alemão antecipava, ainda na época moderna, um questionamento filosófico contemporâneo sobre a centralidade do autor, que apareceria, por exemplo, na arte de vanguarda. "Nas suas manifestações mais extremas, a vanguarda contrapõe a esse caráter não apenas o coletivo, como sujeito da criação", segundo notou Peter Bürger, "mas a negação radical da categoria da produção individual".[VI] Ele pensava em diversos movimentos artísticos do começo do século XX, como o Surrealismo, por exemplo. Seu germe estava na simpoesia e na sinfilosofia românticas. Roland Barthes[VII] destacaria a "morte do autor" no fim da década de 1960. Nessa época também, Michel Foucault defendia que, com a escrita, "não se trata da amarração de um sujeito em uma linguagem: trata-se da abertura de um espaço onde o sujeito que escreve não para de desaparecer".[VIII]

Essa perda do referente tende a nos assustar. Quando, por exemplo, convida-se um autor para falar em um evento ou conferência sobre sua obra, espera-se que ele tenha certo privilégio de conhecimento sobre o sentido da obra, em comparação aos não autores. Nem sempre, porém, o autor consegue desdobrar de maneira potente ou reflexiva o sentido da sua obra. Isso pode acontecer ou não, porém, como em geral acreditamos nesta referência de autoridade do autor, é comum ouvir aquela pergunta ingênua: o que você quis dizer com isso? Essa é uma questão estética e psicanaliticamente equivocada, pois toda resposta a ela será equívoca. Nem sempre sabemos o que queremos. Isso é crucial para o pensamento romântico sobre a autoria. É que, segundo esse pensamento, as "palavras geralmente compreendem a si mesmas melhor do que aqueles que as usam".[IX] Há uma relação entre elementos da linguagem que sempre extravasa a consciência subjetiva, o que desautoriza o privilégio da figura do autor, desmistifica que ele domine o sentido da obra melhor que qualquer outro. Se as palavras se entendem melhor que o sujeito que as usa, a figura do autor é depreciada no seu quinhão de autoridade. Os próprios românticos já empregavam a palavra chiste, que se tornou conhecida na psicanálise de Freud posteriormente, para falar disso. Eles assumem que a natureza da linguagem é chistosa.

Se a linguagem prega peças em seu autor, o traindo, essas peças são precisamente o que mais interessa em uma obra. Muitas vezes, o que escapa à autoconsciência reflexiva de seu autor é o mais importante. Isso pode ser designado por nomes muito diversos, dependendo da época em que estamos: inconsciente, linguagem ou até Deus. "Quão pouco de nós sabemos nós, em cujas almas um Deus impera", escreveu o poeta romântico Friedrich Hölderlin.[x] Deus, aqui, é o outro do humano, o que nós não controlamos ou dominamos. Isso é o que impera na alma, ou seja, naquilo que nos anima. Nesse sentido, sob o nome de Deus, o que se insinuava era a ideia de que a subjetividade empírica na qual se enraíza a figura do autor não tem autoridade plena sobre a obra – a única autoridade sobre a obra é a da própria obra.

Isso é o que motivou o crítico Walter Benjamin, no começo do século XX, a endossar aquilo que chamou de conceito de crítica de arte do Romantismo, a saber, um conceito de que toda e qualquer crítica deveria ser imanente, pois não transcende a obra para desvendar as intenções do autor. Ele afirmava que "a verdade é a morte da intenção".[XI] Não é a intenção subjetiva do autor que fornece a chave de decifração do sentido da obra. E a própria ideia de decifrar já é problemática. Benjamin é contemporâneo não apenas do ponto de vista cronológico, mas no espírito de um trabalho cujo processo é tão ou mais relevante do que o acabamento final. Ele montou o livro *Passagens* (2006) durante a sua vida inteira, mas este foi publicado postumamente. O grande objetivo era não ter nenhuma palavra dele próprio, exprimindo sua máxima de nada dizer, apenas mostrar. O livro é uma compilação de inúmeras fontes que vão desde Karl Marx e outros filósofos até guias de turismo de Paris do século XIX. Benjamin monta um livro que nos faz perguntar: quem é o autor? O próprio Benjamin talvez preferisse, nesse caso, chamar-se montador e não tanto autor. O que ele produziu foi uma montagem.

O fato deste livro ter ficado inacabado é uma espécie de magnífico destino para o seu projeto. O livro que desestabilizaria a noção de autor, pela colagem de inúmeros fragmentos de outros autores, não recebeu o ponto final e sua conclusão por parte de seu suposto autor. Talvez isso seja coerente, malgrado as intenções do Benjamin, pois este livro com mais de mil páginas se lança ao infinito em suas combinações possíveis. Literalmente, as "passagens" eram galerias parisienses para pedestres com lojas que comunicavam duas ruas atravessando um quarteirão por dentro.

Benjamin tem uma escrita em afinidade analógica com a ideia de passagem, mas cuja natureza é a montagem. "Não tenho a nada a dizer", ele escreveu, "somente a mostrar".[XII] Ele embaralha as cartas dos referenciais estáveis. Não foi por acaso que Benjamin escreveu a sua tese de doutorado, em 1919, sobre o conceito de crítica de arte no Romantismo alemão.

Isso mostra que esse foi o ponto de partida decisivo para ele. Em carta em resposta ao convite de seu amigo Martin Buber para escrever em uma revista judaica, Benjamin, apesar de judeu, recusou o chamado do amigo e justificou com a sua teoria da linguagem. Ele afirma: "é muito difícil fazer uma revista à altura da exigência de filosofia da linguagem que eu estou falando, até onde eu sei só aconteceu uma vez: a revista *Athenäum*".[XIII] Ele cita a revista romântica pois seria uma experiência na qual interessava menos o autor que a linguagem; menos a pessoa do que os fragmentos; menos o indivíduo do que a escrita. Uma revista que se dedicou à escrita não como expressão na qual o sujeito confirmaria a si próprio enquanto um autor, e sim como espaço vanguardista de diluição do sujeito empírico no desconhecido da linguagem.

O poeta mexicano Octavio Paz escreve sobre o teor de vanguarda dos primeiros românticos, e afirma que "o poema aqui não é apenas a realidade verbal, mas é também um ato", porque "o poeta diz e ao dizer faz".[XIV] E ele completa: "este fazer é, sobretudo, o fazer-se a si mesmo", já que "a poesia não é só autoconhecimento, mas também autocriação". Nossa identificação da figura do autor com a figura do sujeito empírico concreto exterior à obra é falha, mas não no sentido pejorativo. Essa falha é onde se instaura um intervalo no qual a arte pode surgir. Isso ocorre na medida em que, ao invés de ser uma vivência de confirmação de si ou do que já se sabe, ela é uma experiência de estranhamento de si, de descoberta. Essa não deixa de ser uma experiência ficcional e criadora. Nela, reside uma liberação do próprio voo da linguagem, já que ela não nos pertence, nós é que pertencemos a ela. Somos autores da linguagem somente na medida em que ela é a nossa autora. •

I. SCHLEGEL, Friedrich. *O dialeto dos fragmentos.* São Paulo: Iluminuras, 1997. p. 67.

II. SCHLEGEL, Friedrich. *Conversa sobre a poesia e outros fragmentos.* São Paulo: Iluminuras, 1994. p. 31.

III. SCHLEGEL, Friedrich. *O dialeto dos fragmentos.* São Paulo: Iluminuras, 1997. p. 113.

IV. SCHLEGEL, Friedrich. *O dialeto dos fragmentos.* São Paulo: Iluminuras, 1997. p. 38.

V. GUMBRECHT, Hans Ulrich. *Modernização dos sentidos.* São Paulo: Ed. 34, 1998. p. 104.

VI. BÜRGER, Peter. *Teoria da vanguarda.* São Paulo: Cosac & Naify, 2008. p. 109.

VII. BARTHES, Roland. A morte do autor. In: ____. *O rumor da língua.* São Paulo: Martins Fontes, 2004.

VIII. FOUCAULT, Michel. O que é um autor?. In: ____. *Estética: literatura, música e cinema.* Rio de Janeiro: Forense Universitária, 2001. p. 268.

IX. SCHLEGEL, Friedrich. *Kritische Schriften.* Munique: Carl Hanser Verlag, 1970. p. 531.

X. HÖLDERLIN, Friedrich. O adeus. In: ____. *Poemas.* São Paulo: Companhia das Letras, 1991. p. 123.

XI. BENJAMIN, Walter. *Origem do drama barroco alemão.* São Paulo: Brasiliense, 1984. p. 58.

XII. BENJAMIN, Walter. *Passagens.* São Paulo: Imprensa Oficial; Belo Horizonte: UFMG, 2006. p. 502.

XIII. BENJAMIN, Walter. *Briefe I.* Frankfurt am M.: Suhrkamp, 1978. pp. 125-128.

XIV. PAZ, Octavio. *Os filhos do barro: do romantismo à vanguarda.* Rio de Janeiro: Nova Fronteira, 1984. p. 85.

Negro
isagem

# Negro-Paisagem

## Repensando agenciamentos

AZA NJERI

**Aza Njeri** é crítica de arte e Professora Doutora em Literaturas Africanas, coordena o Núcleo de Filosofia Política Africana do Laboratório "Geru Maa" na Universidade Federal do Rio de Janeiro, leciona na Graduação e Pós-Graduação de Psicologia e Engenharia da Universidade Geraldo di Biase – Nova Iguaçu e na Pós-Graduação em Filosofia Africana do Instituto de Pesquisa e Memória Pretos Novos/RJ.

Foi com surpresa que recebi o convite para integrar essa obra, ao mesmo tempo que me senti desafiada a me aprofundar e refletir sobre a relação do negro com espaço/cidade, pois o único referencial que eu tinha sobre o assunto, não à toa, era Milton Santos. E, pedindo agô ao mestre, e sua benção, enveredo nesse caminho, propondo um panorama reflexivo sobre o epistemicídio[I] que apaga a contribuição dos negros para a humanidade e a sua relação com as várias paisagens em que se inserem.

Assim, cito Santos, para situar a paisagem inscrita a partir da relação humana:

*Em realidade, a paisagem compreende dois elementos: 1. Os objetos naturais, que não são obra do homem nem jamais foram tocados por ele. 2. Os objetos sociais, testemunhas do trabalho humano no passado, como no presente.*

*A paisagem nada tem de fixo, de imóvel. Cada vez que a sociedade passa por um processo de mudança, a economia, as relações sociais e políticas também mudam, em ritmo e intensidades variados. A mesma coisa acontece em relação ao espaço e a paisagem que se transforma para se adaptar às novas necessidades da sociedade.*[II]

A paisagem, logo, circunscreve intimamente a humanidade que abarca sob seu manto, sendo necessário, portanto, questionar, que humanidade está sendo visível em panorama e qual, somente se aproximando, olhando em sombras, conseguiremos alcançar?

Acredito que, quando se trata do reconhecimento e respeito ao arcabouço histórico-cultural de contribuições negras para a humanidade, há um silenciamento, apagamento ou, ainda, embranquecimento, como bem nos alerta a filósofa Sueli Carneiro[III] ao nos apresentar o epistemicídio caracterizado pela

> *negação aos negros da condição de sujeitos de conhecimento, por meio da desvalorização, negação ou ocultamento das contribuições do Continente Africano e da diáspora africana ao patrimônio cultural da humanidade; pela imposição do embranquecimento cultural e pela produção do fracasso e evasão escolar. A esses processos denominamos epistemicídio.*[IV]

Desta forma, por exemplo, não aprendemos na escola informações básicas como a presença de um Egito negro localizado em África, sendo-nos ensinado como um lugar quase mítico, em que pirâmides eram túmulos – outra informação cientificamente já ultrapassada –, desapropriando de toda a agência, autonomia e, sobretudo, influência que esse berço civilizacional, que é negro, tem na humanidade, preferindo, muitas vezes, considerar os grandes feitos da engenharia e arquitetura desta civilização como obra de extraterrestres, expondo o racismo estrutural que determina a construção do saber ocidental.

Valendo que considero "ocidente" ou "mundo ocidental", a cultura ou a civilização herdeira do eixo greco-romano que determina como universal a sua experiência, por meios político, econômico, cultural e bélico, levando à periferia todas as demais experiências que de alguma forma não se enquadram nesse conjunto. Esse ocidente possui um senhor central que é patriarcal, branco e anglo-europeu, detentor de poder político, econômico e/ou bélico e referenciador para os padrões de ética e estética, fazendo com que a própria compreensão de humanidade e paisagem esteja relacionada a uma escala de aproximação ou distanciamento deste senhor. Como se as pessoas negras, e não somente nós, estivéssemos longe demais do definidor para que nossas contribuições pudessem figurar reconhecidas.

Diante deste desafio, considero interessante perceber que as experiências com a paisagem também devem se abrir para uma pluriversalidade que permita uma melhor relação de humanidade entre os sujeitos plurais que dividem este mundo, como aponta o filósofo Mogobe Ramose:

*Na prática, esta disposição filosófica do ser é experimentada como a exclusão dos outros, que não aparecem como sendo o mesmo que nós, ou que são percebidos como uma ameaça à mesmidade inscrita em nossa particularidade. Esta lógica da exclusão foi experimentada historicamente, como o foi para nós, na cristia-*

*nização e colonização dos outros povos do mundo. O significado filosófico desses eventos históricos é a afirmação de que uma perspectiva particularista pode reivindicar o direito de se impor como a primeira e única experiência, conhecimento e verdade se encaixam e se tornam válidos para todos os outros seres humanos independentemente de suas condições existenciais. Esta é a peculiaridade do esforço de suprimir e mesmo eliminar a pluriversalidade do ser. Esta é a base para o questionável e equivocado conceito de "universalidade", conforme ilustrado acima. Reivindicar que só há uma filosofia "universal" sem cultura, sexo, religião, história ou cor, é afirmar que a particularidade é um ponto de partida válido para a filosofia. Esta reivindicação não é explicitamente reconhecida com frequência pelos protagonistas da "universalidade" da filosofia. Esta é a razão pela qual eles estão dispostos a reconhecer nomes como Filosofia Ocidental, Chinesa, Indiana, Japonesa ou Russa, mas se recusam a reconhecer Filosofia Africana, Australasiana, Latino-americana, Maia e (até) mesmo filosofias feministas. Esta contradição simples é repugnante tanto para a lógica como para o senso comum. A contradição precisa ser solucionada através do reconhecimento da particularidade como um critério válido para toda ou para nenhuma filosofia.*[V]

E que no caso da população negra, diante dos vários tentáculos do genocídio[VI] que a assola, a humanidade é um direito inegociável. Desta forma, pensar paisagem pluriperspectivamente, significa também acessar uma memória africana que parte de Kemet, Kush e Etiópia, passa pelos grandes impérios do Mali, Zimbábue, Zulu, se liquefaz no aprisionador infinito azul de dor do sequestro transatlântico e escravização, materializando-se em múltiplas permanências afro-diaspóricas ressignificadas e ressignificadoras do próprio entendimento de humanidade. Assim a paisagem que se desdobrou diante das pessoas africanas transformou-se no tempo adaptando-se às novas necessidades de sobrevivência e dignidade impostas ao longo da história.

A paisagem que abarca esses corpos deve ser sensível à transformação do sujeito africano em sujeito negro imposta pelo ocidente, pois o significado transbordante a essa mudança desapropria dos afrodescendentes toda a sua herança ancestral, contribuindo para o seu desterro e desenraizamento cultural, reforçando racismo epistêmico e negando, mais uma vez, sua humanidade.

*Os séculos precedentes testemunharam então a metamorfose secular do africano em negro. O que queremos dizer com isso é que a experiência intercontinental da escravidão fundamenta-se não apenas no domínio físico do corpo africano, mas também na transmutação de ordem psíquica, em que o africano fora incessantemente vendido a si mesmo e a terceiros não mais como ser humano portador de civilização e herdeiro de civi-*

*lizações milenares responsáveis pelo desenvolvimento de ciências e artes ainda hoje esplendorosas, mas como um corpo, tão somente um corpo, um corpo escuro marcado exatamente por sua escuridão e denominado negro.*

*Nesse sentido, consideramos que, historicamente, ser africano e ser negro representam uma ruptura ontológica que fora marcada, entre outras questões, pela crescente apropriação desses corpos escuros por parte dos Estados escravistas das Américas, de norte a sul do continente, que organizaram planos nacionais de extermínio ou expurgação de seus contingentes negros nacionais.*[VII]

Ressalta-se que o fenômeno de Maafa,[VIII] grande desastre a que a população negra é submetida, interfere diretamente em como a população afrodescendente vai se relacionar com a paisagem que a abarca e, muitas vezes, a oprime:

*O processo ontológico pelo qual passaram as pessoas negras durante os últimos 500 anos causou uma fratura epistêmico-ontológica que se reflete em um permanente desenraizamento de sua subjetividade. A diáspora africana, cortada de seus laços-pilares como família, cultura, história, saberes, é um produto da Maafa* (ANI, 1994) *– holocausto negro –, que em sua complexidade, abarca e descarrila* (NOBLES, 2009) *o ser e o estar do sujeito negro. A escravidão iniciada no continente africano pelos invasores árabes* (DIOP, 2014) *é so-*

*fisticada e potencializada pelos brancos europeus, que a utilizaram como a base de seu enriquecimento, exploração e dominação.*[IX]

Pontuo que a abordagem de compreensão de negro, negritude e termos afins neste artigo, está para o que Cheikh Anta Diop chama de Unidade Cultural Africana,[X] isto é, um conjunto de crenças e valores, éticas e estéticas, diretamente influenciado pela ancestralidade, história, cultura negras que parte do continente africano para se tornar transterritorial, assim como o fenômeno do racismo que incide sobre essa população. Os afro-brasileiros, por exemplo, possuem traços fenotípico-ontológico-culturais que remetem diretamente ao continente, assim como dialoga com as múltiplas afro-culturas espalhadas pela amérikkka,[1] porque há uma Unidade Cultural da África negra que atravessou o atlântico nos navios tumbeiros e se ressignificou, se enraizando deste lado do oceano, em forma de fortaleza cultural-epistêmica e arma de resistência ao genocídio.

Acredito, então, que esta reflexão de alguma forma poderá agregar massa crítica no que tange o lugar do negro como agente das paisagens que se desdobravam diante de si. Sendo compreendido agência como a:

1. Quando se trata da amérikkka política e racista ela é escrita em letra minúscula e com "KKK", referenciando o simbólico grupo supremacista branco Ku Klux Klan.

*capacidade de dispor dos recursos psicológicos e culturais necessários para o avanço da liberdade humana [...] Estou fundamentalmente comprometido com a noção que os africanos devem ser vistos como agentes em termos econômicos, culturais, políticos e sociais. O que se pode analisar em qualquer discurso intelectual é se os africanos são agentes fortes ou fracos, mas não deve haver dúvida de que essa agência existe. Quando ela não existe, temos a condição da marginalidade – e sua pior forma é ser marginal na própria história [...] Os Africanos têm sido negados no sistema de dominação racial branco. Não se trata apenas de marginalização, mas de obliteração de sua presença, seu significado, suas atividades e sua imagem. É uma realidade negada, a destruição da personalidade espiritual e material da pessoa africana.*[XI]

Assim, exercendo a agência africana, vamos ao breve panorama da relação dos africanos e a paisagem urbana.

## Os africanos e as cidades

Cheikh Anta Diop[XII] demonstra que um dos traços de unidade entre os africanos continentais e seus herdeiros diaspóricos é a relação de respeito sagrado à natureza, que aqui no brasil,[2] por exemplo, podemos

2. Considero a língua portuguesa um organismo vivo que se adapta às realidades de seus falantes, portanto, opto por não colocar o nome do

identificar nas experiências do sagrado que espiritualidades de matriz africana têm com a natureza; e pensando no continente, essa cosmovisão vai influenciar a forma como o urbanismo africano ocorre, sobretudo na Era Clássica Africana, o período anterior às invasões árabe e europeia.

A noção de cidade no continente africano inicialmente elabora-se a partir de seus rios, principalmente os do interior, contrapondo-se, inclusive, à noção europeia de urbanização nesse território, que localiza-se no litoral do continente. Molefi Asante[XIII] elenca cinco grandes rios africanos em importância na interação direta com o homem e a construção de sociedades: Congo, Níger, Nilo, Orange e Zambezi.

O Rio Congo é a principal fonte de transporte na parte central da África[XIV] e o berço do Império do Congo; Rio Níger, que drena cinco países (Guiné, Mali, Níger, Nigéria e Benin), testemunhou a glória dos Impérios do Mali, Gana e Songai; Nilo, o mais longo rio do mundo, possui o nome original Hapi ou Iteru,[3] de onde surgiram os Impérios de Kemet (Egito), Kush (Núbia) e Abissínia (Etiópia); o Rio Orange, chamado de Senqu pelos Sotho, povo de Lesoto, região de sua nascente e local de origem do Império Mapungubwe, que mais

país em letra maiúscula, assim, agregando uma marcação política, grafo brasil com B minúsculo.

3. Nomes do rio em Medu Neter, a língua de Kemet (Egito) (ASANTE, 2014).

tarde se transformará no Império do Zimbabwe; e o Rio Zambezi que com suas cataratas gigantescas, vê surgir em suas margens o Reino Lozi.

O urbanismo africano, de maneira ampla, parte de uma cosmovisão que compreende a sacralidade do solo e a sua repartição de acordo com as necessidades das famílias. A compreensão ocidental de propriedade de solo e urbanização opõe-se diametralmente a cinco mil anos de experiência urbana africana, em que se criaram cidades, códigos e outra maneira de apropriação da terra intimamente ligada à forma africana de Ser e Estar no mundo. O rio Zambezi, por exemplo, é chamado de "Nyami Nyami", ou "espírito da vida", pelos Bundu, povo da Zâmbia; e Molefi Asante afirma que *"The Africans believed that the river represented one of the great spirits of the continent and treated the river with special care"*,[XV] evidenciando a sacralidade da natureza nas relações humanas com o mundo.

Há, entretanto, um esforço do ocidente em afirmar que os africanos não produziram urbanismo, utilizando-se do silenciamento epistêmico na Educação e História sobre África, e também por meio da sua indústria cultural que repetidamente reforça o lugar racista de subalternidade, ignorância, infantilidade, preguiça, raiva e violência dos negros.

Vale ressaltar que o urbanismo ocidental, sobretudo na amérikkka, vai se desenvolver tecnologicamente com mais vigor a partir da escravidão, colonialismo e do acúmulo de capital proveniente desses dois fenômenos, sendo, portanto, interessante observar o empenho ocidental em reforçar o epistemicídio africano como uma forma de se salvaguardar em termos de dominação epistêmica.

O professor Henrique Cunha Jr.[XVI] nos alerta sobre a necessidade de descolonizar a ideia de campo e cidade para pensar África, pois a concepção de cidade na cosmovisão africana segue outra lógica, de jeito que, até hoje, há cidades urbanas em que as profissões exercidas sejam todas rurais – pescador, lavrador, pastor – e nas zonas rurais há um centro urbano para comércio e interação social.

Após a experiência de invasão, sequestro e colonização, as novas nações no continente repetiram o modelo ocidental de propriedade de terra, com algumas modificações como no Zimbabwe onde, até o início de 2019, era proibida a posse da terra por pessoas brancas como fim de reparação aos males coloniais; ou ainda em Moçambique em que

*[...] atualmente, dentre as questões que têm sido objeto de debate no que concerne à questão da terra em Moçambique – algumas ainda que de forma mais ou menos recatada – encontram-se: (i) a centralização da propriedade da terra pelo Estado; (ii) o não reconhecimento da propriedade privada da terra; (iii) e, portanto, a impossibilidade de transacioná-la, monetária e formalmente no mercado.*[XVII]

Em movimento de Sankofa, aquele que vai ao passado para recuperá-lo a fim de pensar o presente e construir o futuro, vamos ao *continuum* histórico para reivindicar uma memória e contribuição do povo negro para a relação do homem com o mundo e a construção das paisagens.

## Período clássico – Kemet, Kush e Abissínia

Pensar em urbanismo em África é remontar ao período da antiguidade clássica africana em que Kemet, o nome original do Império do Egito, se estrutura enquanto uma avançada sociedade no que se refere à política, cultura, sociedade, educação, economia e tecnologia.

Kemet é fundada a partir da unificação de 42 cidades do Alto e Baixo Kemet, em uma confederação pelo faraó Nemer, ou seja, a experiência urbana antecede essa civilização que data de 3150 a.e.c.[4] Sabe-se que em 3000 a.e.c. havia em Kemet cidades com até 100 mil habitantes, desenvolvidas, muitas vezes, em torno de alguma construção artístico-arquitetônica como a esfinge ou as pirâmides, conforme descobertas arqueológicas que apontam a existência de cervejarias, padarias, casernas e áreas coletivas em torno do Complexo de Karnak e das Pirâmides de Gizé, que até o século XIX foi a maior construção da humanidade com os seus 146

4. a.c.e. equivale a "antes da era comum", termo que vem substituir a.c., antes de cristo.

metros de altura e 240 metros de base.

As cidades antigas africanas possuíam uma área bem estruturada para as caravanas como as dos Tuaregs que chegavam a um quantitativo de 4 mil pessoas e 1000 camelos e atravessavam o continente de leste a oeste, sendo um importante agente de comunicação entre os territórios.

O conhecimento e informações sobre Kemet ocorreu a partir, principalmente, da tradução da Pedra de Roseta, permitindo que os papiros em medu neter, língua kemética, também pudessem ser traduzidos; o mesmo, entretanto, não se pode afirmar sobre o povo de Kush, também conhecido como Núbia, já que sua escrita não se encontra totalmente desvendada.

Os núbios ou cuxitas são outro povo que desenvolveu experiência urbana, sua existência data de 1700 a.e.c. a 600 a.e.c., fundado a partir da união dos reinos de Kush e Meroë.[XVIII] Localizado à margem leste do rio Nilo, onde hoje encontra-se o Sudão, a Núbia possuía uma rede de distribuição de água do rio para as suas cidades, sobretudo Meroë (Napata), a capital, onde se encontram as 117 Pirâmides de Meroë.

*Aquela cidade, que fica também com o nome de Napata, devia, já então, ser o término da rota caravaneira de Meheila. Vindo de Kawa, esse caminho reduzia a viagem entre as duas urbes [...]*

*Napata pode ter sido importante escalada comercial para os produtos que, do sul da Núbia e das terras que lhe ficavam além, iam ter ao Egito, e dos antigos egípcios vindo de volta. Foi também um ponto de partida: do outro extraído das minas próximas à Quarta Catarata ou que se espalhavam entre Abu Hamed e o Mar Vermelho. E um pólo de atração e chegada.*[XIX]

Importante salientar que descobertas arqueológicas apontam que esse povo expressava seu progresso cultural na construção e na agricultura, sobretudo através da manipulação do ferro, que os colocam em posição de destaque já que a região era rica em minério de ferro.

Abissínia é o nome original da região ao sul do Egito que os gregos chamaram de Etiópia, – *The Greeks however recognized, as Aristotle did in* Physiognomonica, *two principal groups of Africans, the Ethiopians and the Egyptians.*[XX] Esta região, a partir do século I e.c.,[5] torna-se cristã copta e passou a ter como tradição a peregrinação a Jerusalém ao menos uma vez na vida – como fazem os muçulmanos com Meca – ; entretanto, a partir da invasão e domínio islâmico Saladino à "cidade santa" em 1189 e.c. que expulsou os cruzados de Jerusalém, os cristãos europeus passam a se voltar para Roma com peregrinações a cada 25 anos e os cristãos etíopes construíram uma "Segunda Jerusalém" em seu território.

São 11 igrejas rupestres esculpidas em pedra viva

5. e.c. equivale a "era comum", termo que vem substituir a d.c., depois de cristo.

com abóbadas, naves, pilares, arcos, janelas, degraus, que compõem o patrimônio da humanidade[6] tamanha engenharia, tecnologia e arquitetura empenhada em sua construção. Algumas obras chegam a quase 15 metros de profundidade escavadas nas colinas rochosas de Lalibela, antiga Roha, em que a principal construção é a Igreja de São George:

*Vista do alto é uma grande cruz [...] sobre a qual se desenha dentro da outra, duas cruzes em relevo. Esse bloco de pedra cruciforme mergulha num amplo vão quadrado que se escavou na rocha. Lá embaixo, em nível muitos metros inferior ao solo da colina, está o chão da igreja. Ela é portanto subterrânea, mas se destaca, na espaçosa cavidade, como um edifício completo, com 12 paredes exigidas por sua planta em cruz, do resto da rocha que a certa distância se enquadra.*[XXI]

O nome Lalibela deriva da figura do imperador Gabra Maskal Lalibela, que reinou na Etiópia entre os séculos XII e XIII, período em que se concebe o local sagrado.

A Etiópia também é herdeira do reino de Punt, constantemente referenciado pelos Keméticos, principalmente no período da importante per-aat (faraó) Hatshepsut do século XV a.e.c., que constantemente enviava expedições a este reino, sobretudo para trocas comerciais. E no século IV e.c. o território torna-se parte do Reino de Axum, um grande império afri-

6. Lalibela é tombada Patrimônio da Humanidade pela Unesco.

cano que durou até século XII e.c. O padre português Francisco Alves, que viveu no Reino da Etiópia (que sucedeu ao Reino de Axum) entre 1520 e 1526, produziu o relato:

*Neste lugar de Aquaxumo, onde se fez cristã, [a rainha Candace] fez mui nobre igreja, a primeira que houve em Etiópia, chama-se Santa Maria de Sion. Dizem que se chama assim porque de Sion lhe veio a pedra de ara. Eles nesta terra (segundo dizem) têm por costume chamar às igrejas sempre pela pedra de ara, porque nela é escrito o nome de orago. Esta pedra que têm nesta igreja, dizem que os apóstolos lhe mandaram do monte Sion.*[XXII]

Desta forma, percebe-se que a experiência africana com a urbanização desde tal tempo obedecia às lógicas comerciais, históricas e de apropriação/relação com a natureza, alterando a paisagem e desenvolvendo conceitos arquitetônicos, urbanísticos e de engenharia altamente avançados com as tecnologias disponíveis no momento.

## Reinos mercantis – Gana e Mali

Data de 773 e.c. a primeira referência do Império de Gana, que anteriormente à era islâmica (622 e.c.), já havia tido vinte e dois reis e uma duração secular entre VI e.c. até a invasão e domínio pelo Império do Mali em 1280. As primeiras discussões sobre a sua origem são encontradas nas crônicas sudanesas de Mamude Cati e de Abdal Ramane Alçadi. Provavelmente sua origem remonta ao povo Soninke (mandê) e ao rio Níger, cuja palavra Gana, em sua língua, significava o título de rei supremo e, por serem negociadores de sal e ouro, o reino de Gana recebe a alcunha de "Kaya Maghan", isto é, o mestre do ouro. Este reino, também conhecido como Império Uagadu, controlava e regulamentava a exportação de ouro, possuindo vigoroso comércio com outros povos da região como os Wolof, Serer, Amazighs e outros, além de ser reconhecido por sua habilidade em comércio, negociação e guerra.

A capital do império era Cumbi-Salé, localizada na atual Mauritânia, que *foi uma cidade de mercadores ricos, um grande centro comercial com entre 15 e 20 mil habitantes. [...]*

*As casas, muitas delas de dois andares, são sólidas, de paredes grossas, com nichos triangulares e retangulares, semelhantes aos encontrados em Tegdaoust. Deviam estar revestidas por um reboco amarelo e polido, que há ainda poucos restos. Algumas moradias eram grandes. Uma tinha 19,8m por 12,6m e sete cômodos, distribuídos em dois pavimentos, ligados por excelente escada. Outra, nove quartos. Desvendaram-se também umas ruínas de mesquita e amplas áreas de palhoças e pequenas casas de barro – as habitações mais pobres.*[XXIII]

Por ser uma capital comercial e estar localizada na borda do Deserto do Saara, passou a receber caravanas vindas de diversas partes do continente para fazer negócios, além de especializar-se no comércio transaariano, cosmopolizando-se e passando a irradiar cultura, além de exercer o livre comércio. Consequentemente também muitos mercadores casaram-se com mulheres soninke e se tornaram parte da crescente classe rica de comerciantes da cidade durante o século X e.c., impactando diretamente na concepção de urbes desse império.

Assim, a forma como se concebe o império para os ganeses parte de outra centralidade, cuja relação de respeito à terra, humanidade e cultura das pessoas as ligava ao "caia-maga por vínculos espirituais, pelo dever militar e pelo pagamento de tributos. [...] As relações entre o gana e os seus domínios eram grupais, pessoais, de linhagens. Sua soberania exercia-se sobre os homens e não sobre a terra",[XXIV] sendo diferente da concepção ocidental que se impõe rigidamente, unificando, convertendo, e reduzindo todos os povos à "mesma lei e a um césar".[XXV]

No mesmo século o islã, a partir da expansão almorávida, passa a dominar a região do Gana, Mali e Mauritânia, estendendo-se pelo Marrocos, atravessando o Mediterrâneo até chegar ao centro da península ibérica, influenciando permanentemente as culturas, concepções filosóficas, linguísticas e tecnológicas de todos os povos dessas geografias.

*A empresa almorávida deixara no Sael marcas permanentes. Em primeiro lugar, porque contribuiu para a islamização de grande parte das populações do Sudão Ocidental, [...] depois, porque destruiu o equilíbrio entre a agricultura e a pecuária existente do Sael. [...] Em 1203 ou 1204, os sossos [povo mandinga] tomaram militarmente Gana. Cumbi, se a ela correspondem realmente as ruinas de Koumbi Saleh, continuaria, porém, a ser uma importante urbe até o século XV.*[XXVI]

Portanto a paisagem das cidades ganesas passa a se islamizar e são construídas mesquitas, cuja arquitetura obedece a uma estética e geometria cosmosensível à agência daqueles povos africanos, como a mesquita de Nakori, perto de Wa, em Gana, que exemplifica essa arquitetura tradicional autóctone da lama-e-vara.

Os sossos, por sua vez, são combatidos e dominados pelo exército do Mali, comandado por Sundiata Keita, homem pertencente a linhagem clânica dos caçadores Keita, cuja história é envolta de aura mitológica, digna de epopeia.[7]

O Império do Mali é cheio de histórias de mansas (soberanos) desbravadores como Mansa Abubakari II (ou Mansa Gao) que "mandou preparar uma frota com 2000 canoas, metade das quais com água e provisões. E partiu ele próprio numa delas. Nada mais se soube da expedição",[XXVII] ou o Mansa Musa, seu filho, que vai marcar a história como o rei mais rico da história da humanidade, passando a figurar na cartogra-

7. Referência à obra de Djibril T. Niane chamada *Sundjata ou a Epopeia Mandinga.*

fia mundial como o rei que em sua viagem à Meca, distribuiu ouro, de tal forma "que o metal se desvalorizou, durante muitos anos, no Oriente Próximo, em relação à prata".[XVIII]

Apesar de toda a ostentação do mansa, seus súditos – mandês, tucolores, mandingas, bambaras, jalofos, ganeses e songai –, viviam da agricultura, pecuária e pesca, em vilarejos feitos de barro socado. Somente após seu retorno de Meca, Mansa Musa começa convidar artistas, intelectuais, arquitetos e engenheiros para desenvolver o Mali. Neste convite, chega Abu Ishaq Ibrahim al-Sahili, responsável pela ampliação e construção de mesquitas de Gao (Songai) e Timbuktu, empregando tijolos pela primeira vez nessa parte do mundo, mesclando com toda uma tradição milenar arquitetônica de construção destes povos, criando assim, o que a História atribuiu chamar de arquitetura sudanesa: "[...] novo estilo arquitetônico, dito sudanês, com suas torres em forma de pirâmides truncadas, suas pequenas janelas, seus extensos terraços".[XXIX]

A arquitetura sudano-saheliana, portanto, refere-se a uma série de estéticas arquitetônicas oriundas das regiões de pastagens do Sael e do Sudão na África Ocidental, ao sul do Saara e ao norte das regiões florestais férteis, isto é, regiões do Gana, Mali e Mauritânia, onde encontram-se as mesquitas de lama do Sael, incluindo, Grande Mesquita de Djenné no Mali.

## As invasões europeias e a destruição das cidades

A chegada dos europeus em África a partir do século XV e.c. vai alterar de maneira irreversível a ontologia dos africanos, além de impactar na configuração da paisagem do continente, impondo nesse espaço cidades com arquitetura colonial e com uma interação predatória com o ambiente.

Com o intuito de roubar, matar e destruir os outros povos e se apropriar de suas riquezas, os europeus chegaram à costa de África pelo oceano Atlântico estabelecendo-se primeiramente no litoral, onde construíram fortificações e fundaram suas cidades euro referenciadas. Em contrapartida, as cidades do interior do continente passam a se acautelar das violências impostas pelo regime escravocrata e pelas guerras étnicas que aumentaram, fomentadas, principalmente, por ações europeias a fim de desestabilizar a região e praticar a sua velha e eficiente estratégia de "dividir para conquistar".[xxx]

Dentro de modus operandi, os invasores europeus, assim como fizeram na Amérikkka, destruíram cidades e aldeias africanas condicionando seus habitantes a sequestro, cárcere, atravessamento transatlântico e escravidão, alterando o curso de sua história e fundando o estado de maafa e as múltiplas diásporas.

*Marimba Ani (2015) chama de Maafa, o grande desastre/holocausto negro que se moderniza a cada sé-*

*culo. E (...) nos localizamos na maafa brasileira, que, como alertam Abdias Nascimento (2017) e Lélia Gonzalez (2018), é ultrassofisticada no grau de alienação negra. Estabeleceu-se uma cegueira racial por parte dos negros e pardos a partir de uma crença imposta na propaganda da democracia racial e de um recorte focado em classe ou gênero, colocando-se em segundo plano o item vertebral de discussão que é a raça.*[XXXI]

Talvez seja interessante se perguntar sobre o impacto desse fenômeno no negro desterrado em sua diáspora, já que laços ontológicos com a terra-mãe foram violentamente cortados e a imposição da desumanidade lhe obrigou a se ressignificar para sobreviver e resistir. Sem dúvidas a relação de sacralidade com a natureza ecoa como fôlego africano nos úteros míticos ancestrais que são os terreiros de espiritualidades de matriz africana.

Wade Nobles[XXXII] nos apresenta a metáfora do descarrilamento afrodiaspórico, isto é, a violência desumanizadora da imposição europeia sobre os negros africanos foi tamanha que retirou essas pessoas de seu trilho civilizatório, e que, como um trem, esses seres humanos se descarrilaram e passaram a vagar pelos séculos à margem de seu próprio eixo, sem sua própria agência.

*A metáfora do descarrilhamento é importante porque quando isso ocorre o trem continua em movimento fora dos trilhos; o descarrilhamento cultural do povo africano é difícil de detectar porque a vida e a experiência continuam. A experiência do movimento (ou progresso) humano continua, e as pessoas acham difícil perceber que estão fora de sua trajetória de desenvolvimento. A experiência vivida, ou a experiência dos vivos, não permite perceber que estar no caminho, seguindo sua própria trajetória de desenvolvimento, proporcionaria a eles uma experiência de vida mais significativa.*[xxxiii]

Apesar deste cenário, a população negra, agarrada em seu conjunto de crenças e valores civilizatórios, resistiu de forma criativa e original influenciando diretamente nas paisagens da amérikkka.

## Negros na paisagem brasileira

A subjetividade do negro descarrilado da qual nos fala Nobles (2009), é operada pela memória orgânica influenciando as formas de organização e resistência dessa população nos territórios da diáspora. No caso da afrodiáspora brasileira, diante de um racismo estrutural e estruturante das nossas relações, a memória orgânica ativa o que o autor chama de pulsão palmarina, isto é, o desejo pela liberdade reumanizadora do negro concretizada pela recuperação do próprio status de humanidade oriundo do arcabouço Cultural afroreferenciado.

Beatriz Nascimento[xxxiv] aponta que havia uma organização social entre os negros na senzala que era ilegível à branquitude, permitindo uma "vantagem a que o núcleo inicial do quilombo pudesse se desenvolver sem a intromissão dos elementos estranhos e opostos a ele".[xxxv] Portanto a pulsão palmarina se funda nesse núcleo organizado de africanos em busca da reconexão reumanizadora da sua ontologia africana, resistindo, permanecendo e sendo agente da paisagem libertadora que se desdobra sobre suas vistas.

*Homens e mulheres comprometidos passariam por uma fase caótica onde diversas etapas e situações que até então viveu a organização embrionária seriam postas em xeque, requerendo um corpo mais concreto e real. Esta crise deve se dar de uma forma que reflita o grupo psiquicamente. Talvez seja o caos psíquico nestas pessoas que vai suscitar então, neste momento, uma elaboração ideológica para fortalecer os laços e justificar as atitudes contrárias à ordem social, política e jurídica estabelecida. Atitudes que por outro lado poderiam se reverter num perigo de desagregação para o grupo que se está formando. Revigora-se, então, por isso, os laços e os vínculos com as suas regiões de origem, traduzidos pela intensificação de práticas lúdicas (uso constante de festas, batuques, etc.), religiosas e "filosóficas". Nestas últimas, objetivar-se-á, principalmente, o desejo de libertar-se.*[xxxvi]

Importante perceber que a energia criativa de kuumba[xxxvii] manifesta na ludicidade dessas práticas de reconexão ontológica com África, refletindo diretamente na forma como estes sujeitos agem sobre a paisagem, determinando-as. Sendo assim, podemos perceber, exemplificadamente, três espaços uterinamente africanos, cuja pulsão palmarina foi o elemento suleador de resistência e agência no território brasileiro: terreiro, quilombo e favela.

O terreiro de candomblé ketu, por exemplo, é compreendido como um espaço ancestral africano na diáspora. A partilha e o senso de comunidade ontológico determina as relações de interação neste território. A sacralidade da natureza, a presença do idioma yorubá, o culto à ancestralidade africana em forma de orixás, a partilha dos espaços como a cozinha e o dormitório comunitários, o respeito à hierarquia da antiguidade e, sobretudo, a relação íntima no contato com a terra remonta ao conjunto de éticas africanas que Diop (2014) vai apontar como um dos nossos laços de Unidade Cultural. Portanto ao adentrar o espaço de um terreiro, entra-se em contato com uma forma africana de Ser e Estar no mundo, reestabelecendo laços ontológicos com África, recuperando o arcabouço espiritual-filosófico prenhe de pulsão palmarina que servirá como ethos de resistência ao racismo e ao genocídio negro no brasil.

Já os quilombos, de origem bantu, são estruturas sociais[XXXVIII] autodeterminadas e autogestadas por negros, surgidos não só como meio de resistência à escravidão, mas também às outras formas de opressão ao negro, pois o seu caráter de reconexão ontológica, resistência e agência a partir da Unidade Africana organizada faz com que a sua experiência seja transtemporal e transterritorial, sendo identificada como um ethos de luta pela equidade racial como aponta Abdias Nascimento.[XXXIX]

Desta forma, os quilombos devem ser compreendidos como "tentativas vitoriosas de reação ideológica, social, político-militar, sem nenhum romantismo irresponsável",[XL] ou seja, como experiências de resistências suleadas pela agência negro-africana reumanizadora espalhadas por todo o território não só brasileiro, mas também da amérikkka, desde o século XVIII aos dias atuais.

*Por isso a importância dos quilombos para a história do negro, como estudos, [...] porque ele tem essa vida contínua dentro da História do Brasil. Por exemplo, no Rio de Janeiro nós temos o quilombo da Gambôa, que é o primeiro que se forma e depois ele vai sempre migrando, é uma trajetória sempre para a zona sul, para Catumbí, para Santa Tereza, e vai seguindo até chegar no Lebron, cada vez mais se internando na periferia de onde era a cidade do Rio de Janeiro, que tinha sede em São Cristóvão.*[XLI]

Enquanto organismo africano vivo em território da diáspora, a experiência quilombola se ressignifica atendendo às novas demandas opressoras do ocidente e, no caso do brasil, ecoa nas paisagens das favelas e das redes familiares de aquilombamento em seus próprios quintais.

A experiência bantu na diáspora é tangenciada pela sua relação de sacralidade do solo, sendo interessante observá-la ecoando nos quilombos familiares que se formam nos quintais das famílias negras. Contrariando a perspectiva ocidental de que "quem casa, quer casa" e, se possível, bem longe dos pais, a experiência africana de quilombo familiar faz com que os filhos, primos, netos, sobrinhos, irmãos construam suas casas no mesmo quintal que os mais velhos de sua família, trazendo assim os seus companheiros para adentrar a essa organização aquilombada e resistindo a um dos principais métodos de dominação ocidental que é o destroçamento de famílias negras. Portanto, essas organizações familiares possuem uma pulsão palmarina que vai agir sobre essa paisagem comunitária-familiar, pois a terra volta a ser dividida de acordo com a necessidade de cada desdobramento da família.

As favelas, por sua vez, são compreendidas como quilombos urbanos resistentes e herdeiras diretas da pulsão palmarina organizadora de aquilombamento antigenocida. A Cultura da Favela se transformou em uma agência que incide sobre a paisagem do morro diretamente a partir de um locus Cultural que remonta essa memória orgânica africana de resistência e pulsão. Não à toa, assim como se fazia em Palmares, as favelas são locais de incidência da violência bélica de supressão das forças do Estado, pois o sistema ocidental vigente no brasil entende a potência dessas organizações criativas negras que bebem na Unidade Cultural Africana de partilha ressignificando-as para sobrevivência ao racismo e ao genocídio do povo negro e seus múltiplos tentáculos.

Desta forma, entendo que o aquilombamento – familiar, organizacional (coletivos, frentes e agremiações), das favelas, espiritual, da capoeira etc. –, é uma agência negra na paisagem opressora do brasil, pois é a possibilidade de reumanização coletiva a partir de elementos de reconexão direta com a nossa ontologia africana que foi fraturada pelo processo de maafa. Devemos, então, nos descolonizar da agência anglo-eurocentrada para permitir a pluriversalidade humanizadora dos sujeitos não-brancos, sendo que, para nós, africanos da diáspora brasileira, o quilombo é

*um avanço, é produzir ou reproduzir um momento de paz. Quilombo é um guerreiro quando precisa ser um guerreiro. E também é um recuo se a luta não é necessária. É uma sapiência, uma sabedoria. A continuidade de vida, o ato de criar um momento feliz, mesmo quando o inimigo é poderoso, e mesmo quando ele quer matar você. A resistência. Uma possibilidade nos dias de destruição.*[XLII]

Por isso, devemos, enquanto sociedade pluriversa

brasileira, atender a essa possibilidade, já que o Estado brasileiro, que é racista e genocida, está à caça e ao extermínio desta população desde a inauguração deste projeto de nação.

## Fechando os trabalhos

Após esse brevíssimo panorama reflexivo sobre o negro enquanto agente da paisagem, precisamos nos localizar na diáspora brasileira e perceber lucidamente que o epistemicídio deve ser combatido pelo resgate histórico, educacional e prático da experiência negra de resistência à desumanização ocidental. Esse resgate experienciado é necessário para trazer fôlego de pulsão palmarina para esses "tempos de destruição", genocídio e maafa.

Deve-se atentar para a dimensão psíquica deste resgate, trabalhando a autoestima necessária para o recarrilamento desta população ao seu eixo de humanidade civilizatória, além do aquilombamento em redes de afeto, partilha e comunidade uterino à experiência negra-africana[8] no mundo.

Além disso, diante das calamidades climáticas e da relação destruidora do ocidente com a natureza, urge

8. A escolha, na conclusão deste artigo, da construção linguística "negro-africana" ocorre por entender, após o percurso traçado ao longo do artigo, que a diáspora possui ontologicamente a experiência africana ecoando e influenciando, quiçá determinando, o Ser Negro da diáspora africana.

pensar em novas formas de interação com a paisagem natural que partem de outras formas de Ser e Estar, possuidoras de outras maneiras de relacionamento com o território e entendem o urbanismo a partir de pluriperspectivas.

Não se pode ignorar, ainda, o fato de que, inerente a este epistemicídio, encontra-se o papel reforçador da autoria branca, legitimadora do viés universalizante, principalmente quando se quer plural e desconstruída, mas que no fundo, não pluriversaliza o debate, mas apropria-se dele, porque não está disposta a dividir espaços de Poder com a outridade. É, portanto, de responsabilidade desta branquitude a sua autoanálise para fins de uma real diversidade de valores e estéticas, que só têm a agregar no âmbito da arquitetura e urbanismo. Assim, compreendendo o lugar de fala do qual nos fala Djamila Ribeiro (2019), acredito ser a crise da autoria hegemônica ocidental uma discussão urgente em todas as áreas da branquitude.

Assim, em circularidade africana, e reconhecendo a minha agência e os limites da minha voz, encerro a reflexão, esperançosa de ter trazido algumas inquietações sugestionadoras de movimento para as necessárias áreas da arquitetura e do urbanismo. •

I. CARNEIRO, Sueli. *A Construção do Outro como Não Ser como fundamento do Ser.* 2005. Disponível em: https://www.passeidireto.com/arquivo/43133331/a-construcao-do-outro-como-nao-ser-como-fundamento-do-ser-sueli-carneiro

II. SANTOS, Milton. *Pensando o espaço do homem.* 5 ed. São Paulo: Editora da Universidade de São Paulo, 2012, p. 53-54.

III. CARNEIRO, Sueli. *A Construção do Outro como Não Ser como fundamento do Ser.* 2005. Disponível em: https://www.passeidireto.com/arquivo/43133331/a-construcao-do-outro-como-nao-ser-como-fundamento-do-ser-sueli-carneiro

IV. CARNEIRO, Sueli. *A Construção do Outro como Não Ser como fundamento do Ser.* 2005. Disponível em: https://www.passeidireto.com/arquivo/43133331/a-construcao-do-outro-como-nao-ser-como-fundamento-do-ser-sueli-carneiro, p. 85.

V. RAMOSE, Mogobe B. Sobre a Legitimidade e o Estudo da Filosofia Africana. In: *Ensaios Filosóficos*, vol. IV, outubro 2011. Disponível em: http://www.ensaiosfilosoficos.com.br/Artigos/Artigo4/RAMOSE_MB. pdf, p. 10-11.

VI. NJERI, Aza; SISI, Ayana; AZIZA, Dandara. *Psicologia africana como ferramenta de mudança social.* Congresso Alfepsi. Rio de Janeiro: Alfepsi, 2018.

VII. ARAÚJO, Douglas J. G.; DAHOMA, Tago Elewa. Homem negro, corporeidades e saúde: perspectivas históricas e sociológicas. In: RESTIER, H.; SOUZA, R. M.; *Diálogos contemporâneos sobre homens negros e masculinidades.* São Paulo: Círculo Contínuo Editoria, 2019, p. 174-175.

VIII. ANI, Marimba. Yurugu: *An African-Centered Critique of European Cultural Thought and Behavior.* África World Press, 1994.

IX. NJERI, Aza; SISI, Ayana; AZIZA, Dandara. *Psicologia africana como ferramenta de mudança social. Congresso Alfepsi.* Rio de Janeiro: Alfepsi, 2018, p. 120.

X. DIOP, Cheikh Anta. *A unidade cultural da África Negra.* Luanda: Edições Mulemba, 2014.

XI. ASANTE, Molefi Kete Asante. Afrocentricidade: notas de uma posição disciplinar. In: NASCIMENTO, E. L. (org.). *Afrocentricidade.* São Paulo: Selo Negro, 2009, p. 94.

XII. DIOP, Cheikh Anta. *A unidade cultural da África Negra.* Luanda: Edições Mulemba, 2014.

XIII. ASANTE, Molefi Kete Asante. *Afrocentricidade: notas de uma posição disciplinar.* In: NASCIMENTO, E. L. (ORG.). *Afrocentricidade.* São Paulo: Selo Negro, 2003.

XIV. ASANTE, Molefi Kete Asante. *Afrocentricity: The theory of Social Change.* Illinois: African American Images, 2003, p. 75.

XV. ASANTE, Molefi Kete Asante. *Afrocentricity: The theory of Social Change.* Illinois: African American Images, 2003, p. 79.

XVI. CUNHA JR., Henrique. *Bairros negros: a forma urbana das populações negras no Brasil.* Revista ABPN. Caderno temático: raça negra e educação 30 anos depois: e agora, do que mais precisamos falar? Vol. 11. Abril de 2019.

XVII. MANDAMULE, Uacitissa A. Discursos sobre o regime de propriedade da terra em Moçambique. *Revista Negra: Dossiê.* Ano 20, n. 38. 2017, p. 42.

XVIII. ASANTE, Molefi Kete Asante. *The history of Africa.* 2 ed. New York: Routledge, 2015, p. 85.

XIX. SILVA, A. COSTA E. *A enxada e a lança.* São Paulo: Edusp, 1992, p. 97-98.

XX. ASANTE, Molefi Kete Asante. *The history of Africa.* 2 ed. New York: Routledge, 2015, p. 87.

XXI. SILVA, A. Costa e. *A enxada e a lança.* São Paulo: Edusp, 1992, p. 272.

XXII. SILVA, A. Costa e. A enxada e a lança. São Paulo: Edusp, 1992, p. 115.

XXIII. SILVA, A. Costa e. A enxada e a lança. São Paulo: Edusp, 992, p. 253.

XXIV. SILVA, A. COSTA E. *A enxada e a lança.* São Paulo: Edusp, 1992, p. 247.

XXV. SILVA, A. COSTA E. *A enxada e a lança.* São Paulo: Edusp,1992, p. 247 .

XXVI. SILVA, A. COSTA E. *A enxada e a lança.* São Paulo: Edusp, 1992, p. 260.

XXVII. SILVA, A. COSTA E. *A enxada e a lança.* São Paulo: Edusp, 1992, p. 294.

XXVIII. SILVA, A. COSTA E. *A enxada e a lança.* São Paulo: Edusp, 1992, p. 295.

XXIX. SILVA, A. COSTA E. *A enxada e a lança.* São Paulo: Edusp, 1992, p. 297.

XXX. FANON, Frantz. *Os condenados da terra.* Juiz de fora: Editora UFJF, 2005.

XXXI. NJERI, Aza; RIBEIRO, Katiúscia. *Mulherismo africana: práticas na diáspora brasileira.* Currículo sem Fronteiras v. 19, n. 2, maio/ago. 2019, pp. 598-599.

XXXII. NOBLES, Wade. *Sakhu sheti: retomando e reapropriando um foco psicológico afrocentrado.* In: NASCIMENTO, E. L. (org.). Afrocentricidade. São Paulo: Selo Negro, 2009.

XXXIII. NOBLES, Wade. *Sakhu sheti: retomando e reapropriando um foco psicológico afrocentrado.* In: NASCIMENTO, E. L. (org.). Afrocentricidade. São Paulo: Selo Negro, 2009, p. 284.

XXXIV. NASCIMENTO, Beatriz. *Quilombola e intelectual: possibilidade nos dias da destruição.* São Paulo: Filhos da África, 2018.

XXXV. NASCIMENTO, Beatriz. *Quilombola e intelectual: possibilidade nos dias da destruição.* São Paulo: Filhos da África, 2018, p. 71.

XXXVI. NASCIMENTO, Beatriz. *Quilombola e intelectual: possibilidade nos dias da destruição.* São Paulo: Filhos da África, 2018, p. 71.

XXXVII. ASANTE, Molefi Kete Asante. *Afrocentricidade: notas de uma posição disciplinar.* In: NASCIMENTO, E. L. (org.). *Afrocentricidade.* São Paulo: Selo Negro, 2009.

XXXVIII. NASCIMENTO, Beatriz. *Quilombola e intelectual: possibilidade nos dias da destruição.* São Paulo: Filhos da África, 2018.

XXXIX. NASCIMENTO, Abdias. *O quilombismo: documentos de uma militância pan-africanista.* 3 ed. São Paulo: Perspectiva; Rio de Janeiro: Ipeafro, 2019.

XL. NASCIMENTO, Beatriz. *Quilombola e intelectual: possibilidade nos dias da destruição.* São Paulo: Filhos da África, 2018, p. 74.

XLI. NASCIMENTO, Beatriz. *Quilombola e intelectual: possibilidade nos dias da destruição.* São Paulo: Filhos da África, 2018, p. 133.

XLII. NASCIMENTO, Beatriz. *Quilombola e intelectual: possibilidade nos dias da destruição.* São Paulo: Filhos da África, 2018, p. 190.

ANI, Marimba. *Yurugu: An African-Centered Critique of European Cultural Thought and Behavior.* África World Press, 1994.

NASCIMENTO, E. L. *The history of Africa.* 2 ed. New York: Routledge, 2015.

CUNHA JR., Henrique. Palestra *"Urbanismo Africano: da antiguidade aos dias atuais".* Disponível em: https://www.youtube.com/watch?v=DQ5DIKCsXTw .

DIOP, Cheikh Anta. *Naciones negras y cultura.* Barcelona: Edições Bellaterra, 2012.

____. *The african origin of civilization, myth or reality.* Chicago: Lawrence Hill, 1974.

RAMOSE, Mogobe B. Sobre a Legitimidade e o Estudo da Filosofia Africana. In: *Ensaios Filosóficos*, vol. 4, outubro 2011. Disponível em: http://www.ensaiosfilosoficos.com.br/Artigos/Artigo4/RAMOSE_MB.pdf

REVISTA DA ABPN. *Caderno temático: Raça Negra e educação 30 anos depois.* vol. 11, ed especial. Abril 2019.

ROMANZOTI, Natasha. A arquitetura africana não é tão exibida em comparação com a europeia e a asiática, mas aqui você pode conferir 45 belos exemplos. In: *Hypescience.* Disponível em: https://hypescience.com/45-belos-exemplos-de-arquitetura-africana/.

SILVA, A. Costa, E. *Imagens da África.* São Paulo: Penguin; Cia das Letras, 2012.

# Improvisação—Cidade

## Práticas profanatórias*

PAOLA BERENSTEIN JACQUES

* Apresentação oral no seminário Autoria Crítica, na PUC-RJ (2017), parte deste texto foi originalmente publicado em inglês em: *Urban Improvisations: The Profanatory Tactics of Spectacularized Spaces, Critical Studies in Improvisation,* v. 7, n.1, 2011 (disponível online). Partimos do final do texto de Roland Barthes, citado no texto de apresentação do seminário Autoria Crítica, sobre o conceito moderno de autoria. Barthes terminou seu texto sobre a "morte do autor" dizendo que "o nascimento do leitor deve pagar-se com a morte do autor", propomos parafraseá-lo dizendo que o nascimento do usuário/habitante, de sua participação na construção coletiva da cidade, ou seja, da cidade como um agenciamento coletivo de enunciação, deve pagar-se pela morte da assinatura dos arquitetos demiurgos ou do *starsystem* mundial e seus projetos autorais espetaculares de cidade.

**Paola Berenstein Jacques** é arquiteta, urbanista e Professora Doutora na Graduação e na Pós-Graduação da Faculdade de Arquitetura da Universidade Federal da Bahia onde coordena o grupo de pesquisa "Laboratório Urbano". Além disso, é Professora na Pós-Graduação em Artes Visuais e na Pós-Graduação em Dança na mesma universidade.

*O valor de uma cidade se mede pelo número de lugares que ela reserva à improvisação.*

SIGFRIED KRACAUER

Como possibilidade crítica ao processo autoral de espetacularização urbana contemporânea propomos focar no seu inverso: as improvisações anônimas, apropriações diversas da intensa vida pública das áreas mais populares ou informais das cidades, zonas urbanas opacas segundo Milton Santos, que dizia que essas zonas são espaços do aproximativo e da criatividade, opostos às zonas luminosas, espaços de exatidão.[I] Essas improvisações nas zonas urbanas opacas ganham visibilidade por negação, exatamente por sua exclusão dos holofotes do processo mais vasto de espetacularização urbana contemporânea[II] que continua sendo um dos maiores responsáveis tanto pelo empobrecimento atual das experiências corporais no espaço público quanto pela negação dos conflitos e dissensos nestes espaços e, sobretudo, pelas tentativas de ocultamento, redução ou eliminação da vitalidade popular dos espaços opacos das cidades, que dentro da lógica espetacular devem ser devidamente ordenados, asseptizados e gentrificados pelos projetos urbanos de "revitalização", para que estes também se tornem espaços luminosos, midiatizados e espetacularizados.

Os projetos urbanos ditos de revitalização – esta denominação insinua que os espaços a serem "revitalizados" estão mortos, sem vida, ou que o tipo de vida existente não é apropriado e deve ser substituído – são quase sempre projetos pacificadores e espetaculares. Dentro da mesma lógica espetacular, baseada na criação de imagens e construção de consensos urbanos, os espaços públicos contemporâneos, assim como a cultura, são vistos como estratégicos para a construção e a promoção de imagens de marca consensuais de cidades, ou seja, são pensados enquanto peças publicitárias, para consumo imediato. Os atuais projetos urbanos contemporâneos são realizados no mundo inteiro segundo uma mesma estratégia: homogeneizadora, espetacular e consensual. Esses projetos buscam transformar os espaços públicos em cenários, espaços desencarnados, fachadas sem corpo: pura imagem publicitária. As cidades cenográficas contemporâneas estão cada dia mais padronizadas e uniformizadas, são projetos de espaços pacificados, aparentemente destituídos de seus conflitos inerentes, dos desacordos e dos desentendimentos, buscando ser espaços apolíticos.

Uma pista interessante de microresistência à espetacularização urbana pode ser encontrada no próprio uso cotidiano da cidade, em particular na experiência não planejada ou desviatória dos espaços públicos, ou seja, nos seus usos conflituosos e dissensuais, nos usos cotidianos da cidade que contrariam os usos que foram planejados pelo espetáculo. Se pensarmos que a separação, como dizia Guy Debord[III] (1992), é o alfa e o ômega do espetáculo, e que espetáculo e consumo, que tem como exemplo máximo hoje o museu e o turismo, como diz Giorgio Agamben,[IV] são as duas faces de uma única impossibilidade de usar, de fazer a experiência, de habitar, podemos pensar no próprio uso não planejado, improvisado, enquanto uma forma de microrresistência cotidiana crítica. Eis a tese que buscaremos defender aqui.

O próprio Agamben já sugeria isso ao citar a questão do "Museu" como lugar tópico dessa impossibilidade de usar provocada pela separação do espetáculo. Ele escreveu:

*A museificação do mundo é um dado de fato. Uma após outra, progressivamente, as potências espirituais que definiam a vida dos homens – a arte, a religião, a filosofia, a ideia de natureza, até mesmo a política – retiram-se, uma a uma, docilmente para o Museu. Museu não designa, nesse caso, um lugar ou um espaço físico determinado, mas a dimensão separada para a qual se transfere o que há um tempo era percebido como verdadeiro e decisivo, e agora já não é. O Museu pode coincidir, nesse sentido, com uma cidade inteira (Évora, Veneza, declaradas por isso mesmo patrimônio da humanidade), com uma região (declarada parque ou oásis natural), e até mesmo com um grupo de indivíduos (enquanto representa uma forma de vida que desapareceu).*[V]

Assim poderíamos também pensar que, se o processo de espetacularização urbana – que inclui o processo de museificação e, também, de musealização das cidades – busca não somente pacificar, mas também sacralizar os espaços públicos tornando-os luminosos, a ideia de profanação proposta por Agamben[VI] também poderia ser usada para problematizar a questão urbana contemporânea, em particular o caso dos espaços públicos uniformizados, pacificados e sacralizados.

Profanar os espaços públicos luminosos significaria tirá-los desta esfera do sagrado, do consumo e da exibição espetacular, e restituí-los ao uso comum dos habitantes, passantes ou demais usuários. Agamben (2007) explica que se consagrar era o termo que designava a saída das coisas da esfera do direito humano, profanar, por sua vez, significava restituí-las ao livre uso dos homens, ele cita o jurista Trebácio para explicar que "profano em sentido próprio denomina-se aquilo que, de sagrado e religioso que era, é devolvido ao uso e à propriedade dos homens".[VII] Essa passagem do sagrado ao profano, de devolver ao uso comum os espaços confiscados pelo espetáculo pacificador, pode se dar também pela ideia do jogo, que seria um tipo de uso incongruente do sagrado, o que quer dizer que os jogos, assim como as festas e danças, podem servir como instrumentos de profanação. Ainda segundo Agamben, fazer com que o jogo volte a sua vocação puramente profana é uma tarefa política.

Os situacionistas, liderados por Guy Debord, já propunham, desde os anos 1950, jogos urbanos como táticas antiespetaculares, em particular os mapas psicogeográficos e as derivas urbanas. São efetivamente exemplos de táticas profanatórias. Os jogos situacionistas também buscam sua vocação profana e, assim, política. A deriva, antes de ser uma técnica, procedimento ou método de apreensão da cidade, era considerada uma distração ("as grandes cidades são favoráveis à distração que chamamos de deriva", em *Potlatch* n. 14, novembro de 1954 e a psicogeografia um jogo ("O jogo psicogeográfico da semana", *Potlatch*, n. 1, junho de 1954) assim como a própria construção de situações ("a construção de situações será a realização contínua de um grande jogo", *Potlatch*, n. 7, agosto de 1954). O próprio nome da revista letrista (pré-situacionista) *Potlatch* significa "uma grande festa solene, durante a qual um dos dois grupos (tribos de índios norte-americanos), com grande pompa e cerimônia, faz ofertas em grande escala ao outro grupo, com a finalidade de demonstrar sua superioridade,[VIII] como citado na própria revista letrista. O livro *Homo Ludens*, de Johan Huizinga, é muito citado por letristas e situacionistas. Huizinga, no prefácio de 1938, explica sua intenção com o livro: "Assim, o jogo é aqui tomado como fenômeno cultural e não biológico, e é estudado em uma perspectiva histórica, não propriamente científica em sentido restrito. [...] Se eu quisesse resumir meus argumentos sob a forma de teses, uma destas seria que a antropologia e as ciências a ela ligadas, têm, até hoje, prestado muito pouca atenção ao conceito de jogo e à importância do fator lúdico para a civilização".

A ideia que estaria por trás de todo pensamento urbano situacionista – construção de situações, desvio, urbanismo unitário, psicogeografia e derivas – seria então essa questão do jogo, uma grande tática antifuncionalista que priorizaria os usos e não as funções, como já mostrava o próprio título do texto de Constant no último número de *Potlach* (30 de julho de 1959), "O grande jogo do porvir": "A total ausência de soluções lúdicas na organização da vida social impede que o urbanismo se mostre criativo, fato que o aspecto insípido e estéril da maioria dos bairros novos comprova de forma atroz. Os situacionistas, que se especializaram na exploração do jogo e do lazer [...]. Nosso conceito de urbanismo não se limita à construção e suas funções, mas também ao uso que delas se faz, ou se imagina fazer". Em junho de 1958, no primeiro número da revista da Internacional Situacionista (IS), os situacionistas escrevem o texto "Contribuição para uma definição situacionista de jogo"[IX] onde desenvolvem essa noção do jogo situacionista: "em favor de um conceito mais realmente coletivo de jogo: a criação de ambiências lúdicas escolhidas. A distinção central a superar é a que se estabelece entre jogo e vida corriqueira, considerando-se o jogo como uma exceção isolada e provisória". Nesse texto, Huizinga é novamente citado longamente e a própria IS é considerada um jogo: "Talvez surja a tentação de menosprezar a Internacional Situacionista porque ela apresenta aspectos de um grande jogo". No Manifesto de 1960, os situacionistas escrevem: "O que é de fato uma situação? É a realização de um jogo superior, ou mais exatamente uma provocação para este jogo que é a presença humana. Os jogadores revolucionários de todos os países podem unir-se na IS para começar a sair da pré-história da vida cotidiana".[X]

A cidade para os situacionistas é o espaço do jogo, mas eles não se contentam com os jogos já existentes. Os situacionistas queriam criar novos jogos na vida cotidiana; o jogo situacionista é um jogo concreto, construído. Eles insistiam na importância da invenção e criação de condições favoráveis para o desenvolvimento dessa paixão pelo jogo urbano, no valor do jogo, que seria o da própria vida livremente construída, sendo que a liberdade seria garantida pelas práticas lúdicas. Ainda no texto "Contribuição para uma definição situacionista de jogo", eles deixavam bem claro que "a nova fase de afirmação do jogo deveria caracterizar-se pelo desaparecimento de todo elemento de competição [...] O elemento de competição deve desaparecer em favor de um conceito realmente mais coletivo de jogo: a criação comum de ambiências lúdicas escolhidas".[XI]

Mas, se táticas profanatórias urbanas podem ser provocadas, criadas ou construídas, como fizeram os situacionistas, será que elas também não poderiam ser simplesmente táticas de sobrevivência ou de uso cotidiano mais banal, improvisações que desviam dos usos planejados para os espaços urbanos?

Michel de Certeau, em *A invenção do cotidiano,*[XII] propõe a ideia de táticas[1] desviacionistas, que não obedecem à lei do lugar e nem se definem por este, e que são contrapostas pelo autor às estratégias tecnocráticas: "o que distingue estas daquelas são os tipos de operações nesses espaços que as estratégias são capazes de produzir, mapear e impor, ao passo que as táticas só podem utilizá-los, manipular e alterar".[XIII] De Certeau estudou as diferentes maneiras de utilizar, presentes nos usos e ações cotidianas, em particular nas suas astúcias, que seriam essas maneiras criativas, quase invisíveis, de utilizar ou desviar aquilo que foi imposto em cada ocasião. As práticas cotidianas dos praticantes ordinários seriam táticas desviatórias – diretamente relacionadas com a experiência urbana do embaixo, com o corpo a corpo amoroso –, enquanto as estratégias escondem sob cálculos objetivos a sua relação com o poder que sustenta os espaços.

2. Não nos referimos obviamente à ideia de "Urbanismo Tático", que foi uma cooptação da ideia do De Certeau pelo grupo nova-iorquino do New Urbanism (ou escola da Flórida), para realização de projetos comerciais espetaculares.

São duas lógicas de apreensão da cidade, da experiência urbana, que coexistem: a estratégica, do urbanismo espetacular e do planejamento estratégico, daqueles que produzem os espaços a partir da vista aérea, dos cálculos objetivos e do poder que os sustenta; e a tática, astúcia daqueles que cotidianamente praticam o espaço, usando-o, desviando-se, profanando-o. Aqueles que jogam, improvisam com o espaço dado. São práticas teimosas, astuciosas, cotidianas, inversões discretas, mas fundamentais e que subvertem a partir de dentro, um tipo de revanche das táticas de usos desviacionistas que muitas vezes são chamadas de "vulgarização" da cultura ou de "degradação" da cidade.

De Certeau cita Von Büllow para explicar que a tática é movimento "dentro do campo do inimigo e no espaço por ele controlado". E que "ela opera golpe por golpe, lance por lance. Aproveita as ocasiões e delas depende. [...] Tem que utilizar, vigilante, as falhas que as conjunturas particulares vão abrindo na vigilância do poder proprietário. Aí vai caçar. Cria ali surpresas. Consegue estar onde ninguém espera. É a astúcia".[XIV]

A noção de tática desviatória mostra outro caminho através das práticas microbianas, singulares e plurais, práticas multiformes, resistentes, astuciosas e teimosas que contrariam, coexistem e sobrevivem, ao desviar de um planejamento urbanístico estratégico que buscava ordená-las, uniformizá-las ou suprimi-las. Essas práticas improvisadas, através das táticas desviatórias, escapam ao processo espetacular e, também, ao controle disciplinar – tão bem estudado por Michel Foucault – indicando a possibilidade de uma teoria das práticas cotidianas, das improvisações do espaço vivido, praticado por experiências corporais da cidade.

Os praticantes ordinários do espaço conhecem a cidade por seus passos e, assim, também atualizam os espaços com seus jogos de passos, "tecem os lugares"; ao caminhar pela cidade, eles desestabilizam a ordem espacial dominante, inventando outras possibilidades pelo uso, desviando assim de interditos e proibições. Mas o praticante ordinário "também as desloca e inventa outras, pois as idas e vindas, as variações ou as improvisações da caminhada privilegiam, mudam ou deixam de lado elementos espaciais. Assim, Charlie Chaplin multiplica as possibilidades de sua brincadeira: faz outras coisas com a mesma coisa e ultrapassa os limites que as determinações do objeto fixavam para seu uso".[XV]

De Certeau nos mostra que há um conhecimento espacial próprio desses praticantes, ou uma forma de apreensão, que ele relaciona a um saber subjetivo, lúdico, amoroso. O autor nos fala de uma cegueira – relacionada à ideia de desorientação do embaixo oposta à orientação dos mapas de cima – que seria exatamente o que garante outra forma de conhecimento do espaço e da cidade. Essa experiência da cidade vivida, da própria vida urbana, revela ou denuncia o que o projeto urbano estratégico espetacular exclui, pois mostra tudo o que escapa ao projeto, as táticas e micropráticas cotidianas do espaço vivido, ou seja, as apropriações diversas do espaço urbano que escapam às disciplinas urbanísticas hegemônicas, mas que não estão, ou melhor, não deveriam estar, fora do seu campo de ação. De Certeau faz uma distinção entre o lugar, a princípio estável e fixo, e o espaço, instável e em movimento. Podemos considerá-los como uma relação processual e, assim, seria a inscrição do corpo do praticante em movimento no lugar que o transformaria em espaço, ou como De Certeau escreveu: "o espaço é o lugar praticado. Assim, a rua geometricamente definida pelo urbanismo, é transformada em espaço pelos pedestres".[XVI]

A noção de espaço praticado por táticas e astúcias em De Certeau é muito próxima do que podemos encontrar no cotidiano dos habitantes das zonas mais opacas das cidades, em particular naquelas das periferias mundiais, como nas táticas usadas pelos construtores informais das favelas brasileiras, que criam, modificam e transformam, a cada dia, outros usos e possibilidades de apropriação pelos próprios praticantes, o que chamamos antes de espaço em movimento. O espaço em movimento não está ligado somente ao próprio espaço físico, mas sobretudo ao movimento do percurso, à experiência de percorrê-lo, é diretamente ligado a seus atores, que são tanto aqueles que percorrem esses espaços opacos no cotidiano quanto aqueles que os constroem e os transformam continuamente. As zonas opacas das cidades periféricas, ou das periferias das grandes cidades globalizadas, são espaços em constante movimento exatamente por serem seus usuários/habitantes os verdadeiros responsáveis por sua construção coletiva. Essas táticas ou astúcias não se restringem aos espaços opacos mais delimitados das cidades, como as favelas, mas infiltram também nos seus espaços mais luminosos, através de uma série de atores: vendedores ambulantes, moradores de rua, catadores de lixo, prostitutas, usuários dependentes de drogas etc. Aqueles que, não por acaso, são os primeiros alvos da assepsia promovida pela maioria dos projetos urbanos pacificadores, ditos revitalizadores. Poderíamos pensar que essas táticas desviacionistas, astúcias ou usos opacos do espaço, podem ser considerados como táticas profanatórias, em particular quando ocorrem nos espaços públicos das zonas luminosas, sacralizadas e espetaculares, e que estão diretamente relacionados com a experiência corporal das cidades.

Milton Santos[XVIII] opõe claramente os espaços luminosos, onde vivem os mais ricos e mais rápidos, aqueles que têm pressa na cidade, aos espaços opacos, onde vivem os mais pobres e mais lentos. Não se trata apenas de uma disputa de tempos, mas de visibilidade na cidade. O espaço luminoso é o espaço hegemônico da mercadoria, do espetáculo, da imagem – ou do que ofusca –, enquanto o espaço opaco é o espaço do corpo a corpo, da tentativa, da cegueira ou do tato, do conhecimento cego. Para Milton Santos, o homem lento está associado ao espaço opaco, espaços abertos do aproximativo e da criatividade, em oposição ao espaço luminoso, espaços fechados da exatidão, racionalizados e racionalizadores. Os espaços do tempo rápido são os espaços sedentários esquadrinhados, predefinidos. O esquadrinhamento do espaço luminoso se rebate também no esquadrinhamento do tempo, do tempo rápido. Nos espaços mais indeterminados ou espaços opacos – que também são zonas de resistência, de insistência e de sobrevivência –, os tempos são mais lentos e mais livres.

Ana Clara Torres Ribeiro, socióloga interlocutora de Milton Santos, sempre nos lembrava que o geógrafo defendia a "cidade viva e experimental" no lugar da "cidade censitária e quantitativa" das cartografias passivas. Ela lembrava sempre que os conceitos tanto de homem lento quanto de espaço opaco se articulavam com outros conceitos criados por Milton Santos, como território usado, espaço banal, espaço herdado e rugosidades. Ana Clara Torres Ribeiro insistia em nos mostrar que esse espaço opaco era praticado, o território usado e o jogo jogado pelos praticantes da vida, os sujeitos da ação e, assim, ela insistia também na criação de cartografias ativas, cartografias da ação, cartografias que incluíssem as práticas, os usos astuciosos, dos homens lentos.

Para Ana Clara Torres Ribeiro,[XIX] o homem lento, a quem Milton Santos se referia, é bem mais do que a escassez a que se encontra submetido. Ele é, em sua inteireza, cotidiano e espaço corporificado, necessidade e luta, carência e anseio de liberdade. Para ela, os homens lentos politizam o cotidiano, ao resistir em espaços opacos e sobreviver em espaços luminosos, eles seriam a síntese perfeita, político-filosófica, do "sobrevivente". Possuidores da "arte de resolver a vida", da "arte de fazer", como diria De Certeau,[XX] eles realizam diariamente uma prática que Ana Clara Torres Ribeiro chamava de "ilegalidades socialmente necessárias", ou seja, são homens da "viração", da improvisação cotidiana, que lutam contra a vigilância instrumentalizada e, muitas vezes militarizada, da vida e da ordem urbanas.

As práticas dos homens lentos se aproximam daquelas dos praticantes ordinários da cidade. Podemos então relacionar o que Michel de Certeau chamou de táticas desviacionistas ao que Milton Santos chamou de "flexibilidade tropical": as formas de adaptação e de invenção dos homens lentos em particular com relação ao trabalho informal e itinerante. Os homens lentos, a partir das mais diversas necessidades, seriam tomados de um "desconforto criador", ideia bem próxima das astúcias de que fala De Certeau, que são diferentes táticas desviacionistas pelos usos e pelas práticas diferentes daquelas planejadas para um lugar. São desvios para outros fins, subversões, manipulações ou alterações de usos. No caso dos homens lentos, o feitiço se volta contra o feiticeiro, como diz Milton Santos, pois não são somente novos usos e finalidades para objetos e técnicas, mas também criações e invenções para garantir a própria sobrevivência na cidade.

O processo mais vasto de espetacularização está diretamente relacionado tanto à atual pacificação securitária, homogeneizadora e consensual dos espaços públicos quanto ao empobrecimento da experiência corporal das cidades enquanto prática ordinária cotidiana. Isso nos obriga a repensar a questão do corpo cotidiano no espaço urbano, ou como dizia Milton Santos, da corporeidade dos homens lentos, que tem o corpo como uma certeza materialmente sensível e são aqueles "para quem as imagens são miragens, não podem, por muito tempo estar em fase com esse imaginário perverso e acabam descobrindo suas fabulações".[XXI] São esses homens lentos aqueles que mais caminham pelas ruas, que praticam o espaço urbano no cotidiano e que De Certeau – o capítulo sobre as táticas começa exatamente por uma caminhada do autor pelas antigas ladeiras de Salvador, cidade da Bahia – chamou de praticantes ordinários da cidade: "embaixo, a partir dos limiares onde cessa a visibilidade, vivem os praticantes ordinários da cidade [...] eles são os caminhantes, pedestres, *Wandersmänner*, cujo corpo obedece aos cheios e vazios de um texto urbano que escrevem sem poder lê-lo. Esses praticantes jogam com espaços que não veem; têm dele um conhecimento tão cego como no corpo-a-corpo amoroso".[XXII]

Ana Clara Torres Ribeiro[XXIII] nos traz a ideia de um sujeito corporificado (ou corpo-sujeito): "o *corpo-sujeito* exige a valorização do olhar interdisciplinar e a ruptura tanto do idealismo quanto do materialismo exacerbados, tão frequentes na compreensão dominante das necessidades humanas". O sujeito corporificado também está diretamente relacionado à necessidade de ressubjetivação das relações sociais, resistindo à abstração dos números, ao império das estatísticas, à desmaterialização dos fluxos comunicacionais, ao comando do tempo sincrônico, à velocidade, à aceleração contínua da existência.

O sujeito corporificado se contrapõe então tanto ao corpo-máquina – que poderíamos relacionar ao *Modulor* moderno de Le Corbusier e sua cidade-máquina – quanto ao corpo-imagem, que também foi chamado em outros textos da autora de corpo-produto. Tanto o corpo-imagem quanto o corpo-produto estão diretamente relacionados à ideia de corpo-mercadoria, que, evidentemente, pode ser também relacionada à ideia da cidade-mercadoria, do planejamento estratégico, da venda da cidade como uma imagem de marca. Como já vimos, tudo isso faz parte do processo de espetacularização das cidades contemporâneas, processo este indissociável das estratégias de *marketing* ou *branding* (construção de marcas) urbanos, que buscam construir uma nova imagem para as cidades contemporâneas, de modo a lhes garantir um lugar na geopolítica das redes globalizadas de cidades turísticas ou "capitais culturais".

Talvez um dos mais significativos exemplos seja ainda o chamado "modelo Barcelona", um dos maiores antagonistas desse modelo, o antropólogo catalão Manuel Delgado, autor de *A cidade mentirosa*, fraude e miséria do modelo Barcelona,[XXIV] costumava dizer que Barcelona tinha se transformado em uma cidade *top model*. Pode-se relacionar a questão da esterilização progressiva da experiência corporal das cidades *top model* com a problemática da anorexia entre as modelos, ou seja, é a própria anulação do corpo e seu desaparecimento prematuro pelo consumo, como mostra a questão do corpo-produto que Ana Clara Torres Ribeiro desenvolve: o corpo-produto está diretamente relacionado ao espetáculo urbano, à arquitetura de griffe, da moda, assim como a indústria de imagem está ligada à promoção e especulação imobiliária e à indústria farmacêutica. Corpo-produto e cidade-mercadoria estão diretamente relacionados, ambos produtos da economia especulativa e espetacular, do marketing e do branding urbanos, que promovem o controle das subjetividades. Ambos podem ser compreendidos como forma sedutora que se oferece como imagem publicitária. Sem dúvida, trata-se de tentativas espetaculares de anulação do sujeito corporificado ou de subordinação do corpo-sujeito às demandas do corpo-produto.

A ideia de sujeito corporificado está, sem dúvida alguma, diretamente relacionada à de homem lento, também dialoga com a noção os praticantes ordinários da cidade e, sobretudo, com a ideia de tática desviacionista. Esse conceito também se relaciona com outros trabalhados por Ana Clara Torres Ribeiro, como microconjuntura urbana, espaço vivenciado e sistematicidade popular. Para a autora, essa conexão entre os conceitos indica um compromisso com uma busca de maior "incorporação" das ideias nas práticas. As ações e urgências coletivas do sujeito corporificado nas ruas e demais espaços públicos, nas brechas da cidade hegemônica e do pensamento dominante, criam o espaço vivenciado que se materializa e se manifesta em microconjunturas urbanas que, por sua vez, constroem a sistematicidade popular. Era esta sistematicidade que a autora buscava reconhecer para valorizar e afirmar no espaço urbano aquilo que ela chamava de "mercado socialmente necessário", "arte de resolver a vida" e "aprendizado das ruas". Ela acreditava que com essas três expressões são estabelecidas relações entre a ação do sujeito corporificado, a história da presença popular na grande cidade do capitalismo periférico e os saberes que permitem a sobrevivência em contextos antagônicos. São esses contextos claramente de improvisações urbanas, que condensavam aquilo que Ana Clara Torres Ribeiro (2004) chamou de "Oriente Negado": a negação ou recusa do múltiplo, do diverso, do diferente, do Outro, dos vários outros, pelo espaço urbano espetacularizado e luminoso.

Os sujeitos corporificados como os homens lentos e os praticantes ordinários da cidade fazem o exercício tenaz do incerto, do tentativo, das astúcias urbanas e outras improvisações, criações e inovações da experiência mais popular que são renegadas, como o Oriente, desde a colonização do país, atravessando os sucessivos projetos de modernização de nossas cidades. A negação da vitalidade popular seria também a negação de ideias como a de território praticado (ou território usado) cunhada por Milton Santos, ou ainda, a de espaço praticado proposta por De Certeau. São essas ações do sujeito corporificado, ações fugazes e gratuitas, que não se deixam apreender pelas noções de uso ou função do espaço urbano que Ana Clara Torres Ribeiro buscava cartografar em suas "cartografias da ação", cartografias corporificadas, cartografias das ações do sujeito corporificado.

Os praticantes ordinários das cidades, os homens lentos ou sujeitos corporificados atualizam os projetos urbanos e o próprio urbanismo, através da prática, uso ou experiência cotidiana dos espaços urbanos e, assim, os reinventam, subvertem ou profanam. Os urbanistas indicam usos possíveis para o espaço projetado, mas são aqueles que o experimentam no cotidiano que os atualizam. São as apropriações e escapes, desvios ou demais improvisações dos espaços que legitimam ou não aquilo que foi projetado, ou seja, são as experiências corporais improvisadas que reinventam esses espaços urbanos no cotidiano, continuamente. São sobretudo os usos, as táticas e as ações que importam nesse processo de reinvenção, as apropriações feitas *a posteriori*, com seus desvios, atalhos e astúcias. Os praticantes ordinários das cidades experimentam os espaços quando os praticam e, assim, os dão outro "corpo" pela simples ação de praticá-los. Deleuze e Guattari[2] diziam que não há sujeitos, há apenas agenciamentos coletivos de enunciação. Poderíamos, a partir deles, dizer que não há autores, há apenas agenciamentos coletivos de enunciação. Propomos pensar a própria construção da cidade como

3. Inicialmente, intitulamos essa fala de "Por um urbanismo menor" como uma referência explícita ao livro de Deleuze e Guattari sobre Kafka, *Kafka: Por uma literatura menor.* Belo Horizonte: Autêntica Editora, 2014. Esse livro trabalha a noção de agenciamento coletivo de enunciação, que nos parecia fundamental a ser trazida ao debate sobre autoria como uma provocação, como uma proposta de inclusão na discussão.

um agenciamento coletivo, proposta essa que não se refere ao trabalho coletivo de artistas e arquitetos, mas sim em pensar a construção da própria cidade como um agenciamento coletivo, ou seja, de todos aqueles que praticam a cidade, a constroem e a agenciam coletivamente.

Assim, relançamos a questão: de quem seria a autoria da cidade? De quem fez seu planejamento, de quem a projetou? Ou de quem atualiza seu projeto pelo uso? De quem a profana? De quem a pratica, a improvisa no cotidiano? São exatamente essas improvisações urbanas, através de suas táticas profanatórias, que fazem diluir essa noção individualizada de autoria e podem nos ajudar a melhor interrogar e tensionar o pensamento urbanístico contemporâneo hegemônico, ainda bastante espetacular e autoral,[3] nos indicando possibilidades para um agenciamento, uma construção efetivamente coletiva e anônima das cidades, a partir de um urbanismo mais incorporado, profano e atento às diferentes improvisações nas e das cidades. •

4. Voltamos, assim, para minha questão a partir de Barthes (nota 1): se tratamos a cidade de fato como um processo de um agenciamento coletivo, esse não seria, então, a morte desse projeto autoral espetacular de cidade?

# REFERÊNCIAS BIBLIOGRÁFICAS


I. SANTOS, M. *A natureza do espaço: Técnica e Tempo. Razão e Emoção.* São Paulo: Hucitec, 1998.

II. JACQUES, P.B., *Espetacularização Urbana Contemporânea. Territórios Urbanos e Políticas Culturais*, Número especial dos Cadernos do PPG-AU//FAUFBA, Salvador: PPG-AU/FAUFBA, 2004

III. DEBORD, G. *La société du spectacle.* Paris: Gallimard, 1992.

IV. AGAMBEN, G. *Profanações.* São Paulo: Boitempo, 2007

V. AGAMBEN, G. *Profanações.* São Paulo: Boitempo, 2007, p. 73.

VI. AGAMBEN, G. *Profanações.* São Paulo: Boitempo, 2007.

VII. TREBÁCIO apud AGAMBEN, G. *Profanações.* São Paulo: Boitempo, 2007, p. 65.

VIII. HUIZINGA, J. *Homo Ludens. O jogo como elemento da cultura.* Original de 1938. Trad. João Paulo Monteiro. 5a ed. São Paulo: Perspectiva, 2001, p. 66.

IX. JACQUES, P.B. (Org.), I.S. *Apologia da deriva, escritos situacionistas sobre a cidade.* Rio de Janeiro: Casa da Palavra, 2003, p. 60-61.

X. JACQUES, P.B. (Org.), I.S. *Apologia da deriva, escritos situacionistas sobre a cidade.* Rio de Janeiro: Casa da Palavra, 2003, p. 126-128.

XI. JACQUES, P.B. (Org.), I.S. *Apologia da deriva, escritos situacionistas sobre a cidade.* Rio de Janeiro: Casa da Palavra, 2003, p. 60.

XII. DE CERTEAU, M. *A invenção do cotidiano, 1. Artes de fazer.* Petrópolis: Vozes, 1996 (1980).

XIII. DE CERTEAU, M. *A invenção do cotidiano, 1. Artes de fazer.* Petrópolis: Vozes, 1996, p.92.

XIV. VON BÜLLOW apud DE CERTEAU, M. *A invenção do cotidiano, 1. Artes de fazer.* Petrópolis: Vozes, 1996, p. 100.

XV. DE CERTEAU, M. *A invenção do cotidiano, 1. Artes de fazer.* Petrópolis: Vozes, 1996, p. 178.

XVI. DE CERTEAU, M. *A invenção do cotidiano, 1. Artes de fazer.* Petrópolis: Vozes, 1996, p. 202.

XVII. JACQUES, P. B. *Estética da ginga, a arquitetura das favelas através da obra de Hélio Oiticica.* Rio de Janeiro: Casa da Palavra, 2001.

XVIII. SANTOS, M. *A natureza do espaço: Técnica e Tempo.* Razão e Emoção. São Paulo: Hucitec, 1996.

XIX. RIBEIRO, A. C. T. *Fronteiras da ciência: interdisciplinaridade e política.* IV Encontro com o pensamento de Milton Santos, 2006.

XX. DE CERTEAU, M. *A invenção do cotidiano, 1. Artes de fazer.* Petrópolis: Vozes, 1996.

XXI. SANTOS, M. *A natureza do espaço: Técnica e Tempo. Razão e Emoção.* São Paulo: Hucitec, 1996, p. 261.

XXII. DE CERTEAU, M. *A invenção do cotidiano, 1. Artes de fazer.* Petrópolis: Vozes, 1996, p. 171.

XXIII. RIBEIRO, A. C. T. *Sujeito corporificado e bioética: caminhos da democracia.* Revista Brasileira de Educação Médica, vol. 24, n.1, jan./abr. 2000. Republicado em *Por uma sociologia do presente: ação, técnica e espaço* (vol. 2), Rio de Janeiro, Letra Capital, 2013.

XXIV. DELGADO, M. *La ciudad mentirosa: fraude y miseria del 'Modelo Barcelona'.* Madrid: Catarata, 2007.

## BIBLIOGRAFIA

RIBEIRO, A. C. T. *Oriente Negado: cultura, mercado e lugar. Territórios urbanos e políticas culturais.* Número especial dos Cadernos do PPG-AU/FAUFBA, 2004.

___. *Corpo e imagem: alguns enredamentos urbanos. Resistências em espaços opacos.* Número especial do Cadernos do PPG-AU/FAUFBA, 2007.

SANTOS, M. *Flexibilidade Tropical.* Revista Arquitetura e Urbanismo, out./nov. 1991.

___. *Metrópole: a força dos fracos é seu tempo lento. Ciência & Ambiente*, jul./dez. 1993.

Profanacão-

# Profanação-Poder

## Entre cidades sitiadas

LUIS ANTONIO BAPTISTA

**Luis Antonio Baptista** é Professor Doutor na Graduação e na Pós-Graduação em Psicologia do Departamento de Psicologia da Universidade Federal Fluminense, onde coordena o "Laboratório Subjetividade e Política", e do Programa de Pós-Graduação em Psicologia Social e Institucional da Universidade Federal do Espírito Santo.

# Prólogo

A posição dos astros, o voo dos pássaros, o movimento dos oceanos, catástrofes em terra firme eximiram-se de ofertar sinais, presságios ao olhar. Nos arquivos do passado, nos quais a história dos desesperos e alegrias do humano é contada, o olhar e a imagem do que é vislumbrado ganham peculiares sentidos ao longo do tempo. Sujeito e objeto, interno e externo, subjetividade e objetividade, são narradas pelas traças dos documentos que dilaceram a universalidade dos modos de se operar a existência, de dar forma aos modos de sentir e viver. Abismos, ou não, contidos nestas dicotomias emergem das traças entre lutas e tréguas infindáveis. A história atenta aos embates miúdos do dia a dia, onde afeto, poder e política entrelaçam-se em formas inesgotáveis faz ouvir o rumor e o silêncio desses confrontos. Em certo momento da história, astros, pássaros, marés, catástrofes, qualquer força inumana é ofuscada pela pungência do sagrado. Céu e terra, entre luzes e sombras, afastam-se e estranham-se irremediavelmente.

O cristianismo legou para a humanidade a fratura entre cidade e subjetividade. Richard Sennett em sua obra *La coscienza dell'occhio*[1] argumenta sobre os efeitos desta cisão. Mirar a cidade e refletir sobre a política, sobre si mesmo, constituía a prática do homem livre na antiga Grécia. Na polis a incompatibilidade entre subjetividade e o mundo exterior inexistia. Segundo Sennett, "o cristianismo inaugura a criação do muro entre experiência interior e o mundo externo; a sombra projetada deste muro obscurece ainda hoje a sociedade laica e secular [...] o pagão, o judeu na antiguidade, não nutriam dúvidas sobre a presença divina: a percebiam no sopro do vento, entre as árvores, no castigo que punia uma cidade".[II] Na obra *Cidade de Deus*, Santo Agostinho alega que "encontramos na cidade terrena dois aspectos, um que a indica como presença na história, e outro, que a subordina aos símbolos da cidade celeste".[III] Agostinho, com suas duas cidades, propõe ao cristão aprender a ver no intuito de suspeitar daquilo que olhos vislumbram; roga ao fiel decifrar os símbolos onde residiria, ou não, a presença do sagrado. Expressões e representações da verdade divina incitariam o citadino à desatenção de um mundo alheio aos ditames divinos. Imagens da cidade a recusar a representação ou expressão da verdade almejada seriam inúteis, ou perigosas, para si e para todos.

O materialismo de Walter Benjamin recusa radicalmente o bálsamo da imagem como representação ou expressão de uma verdade que transcende o mundo dos fenômenos. A iluminação que o atrai seria profana. Para o filósofo berlinense, em modos peculiares de produção de riqueza, na criação artística, no urbanismo, a aura do sagrado encontraria morada.[1] O capita-

1. No breve ensaio *O Capitalismo como religião*, Benjamin afirma: "o capi-

lismo como religião, o artista como sacerdote do culto da arte pela arte, a cidade planejada para a realização das promessas do progresso, fariam parte da sua crítica às tramas dos sonhos, realizações e fracassos do Capital na modernidade. O terror do nazismo em sua obra foi apresentado através do uso de imagens no intuito de profanar mitos e destinos incrustados na cultura e na política. Segundo o filósofo berlinense, profanar seria estranhar o cotidiano, e manter este estranhamento como tarefa cotidiana, na contramão de uma iluminação do sagrado onde o mistério seria desvelado, a essência dos homens, ou dos objetos, revelada. O estranhamento desencadeado por uma iluminação profana perscrutaria tanto os limites da realidade que se apresenta ao sujeito, quanto o próprio sujeito. O estranhar do convite à destruição criadora das imagens, às montagens e desmontagens insufladas por apelos inadiáveis a indicar sorrateiras, ou explícitas, formas de barbárie.

Na Paris de Charles Baudelaire, analisada por Benjamin, a cidade esfacela o abismo entre o citadino e o mundo. A literatura do poeta francês incorpora na escrita os choques do novo tempo e espaço da urbe remodelada para ser a Cidade das Luzes. A Paris projetada pelo prefeito Barão Haussmann, no intuito de

talismo é uma religião puramente cultual [...] esse culto é culpabilizador. O capitalismo presumivelmente é o primeiro caso de culto não expiatório, mas culpabilizador" (BENJAMIN, W. *O Capitalismo como religião*. Michel Lowy (Org). Boitempo: São Paulo, 2013, p. 22).

concretizar os sonhos do progresso, é transfigurada na obra de Baudelaire; a urbe como monumento sagrado é profanada, torna-se um campo minado. Ruas e seus vazios desenham almas inusitadas, produzem formas de existir entre horrores e as belezas do artesanato urbano. A cidade como um campo minado explodiria o Sujeito arrogante desejoso de ser o artífice das suas luzes e sombras, ou encontrar nelas seus vestígios. Os choques urbanos esfacelam o protagonismo da consciência, assim como dos tradicionais valores do atônito citadino.

Na literatura do surrealismo estudada por Benjamin, a iluminação profana é localizada nas obras de Aragon e Breton, entre outros escritores. São obras que apresentam a destruição criadora da literatura através do enfrentamento aos mitos, assim como do real pacificado pelos limites da visibilidade: "A Paris dos surrealistas é um pequeno mundo [...] também ali existem encruzilhadas, nas quais sinais fantasmagóricos cintilam através do tráfego; também ali se inscrevem na ordem do dia inconcebíveis analogias e acontecimentos entrecruzados".[IV] Encruzilhadas e entrecruzamentos que borram os limites da imagem da cidade pacificada pelas suas impermeáveis bordas.

Na escrita de Baudelaire a urbe profana, recusa ser mera paisagem, ao afirmar-se como modalidade de experiência:

*Tal é a natureza da vivência que Baudelaire pretendeu elevar à categoria de verdadeira experiência. Ele determinou o preço que é preciso pagar para adquirir a sensação do moderno: a desintegração da aura na vivência do choque. A convivência com esta destruição lhe saiu cara.*[V]

Os paradoxos e tensões do tempo e do espaço da cidade remodelada lhe propiciarão a experiência urbana, na qual sua literatura e agonias serão transfiguradas. Qual experiência de uma cidade sitiada pelo terrorismo do Estado seria oferecida ao citadino atento aos choques da atualidade?

## A cidade sagrada

Vista do alto a cidade se faz conhecer à semelhança do traçado de um mapa. O autor do projeto arquitetônico reconhecerá a sua obra, assim como turistas, ou aeronautas. Inodora e silenciosa, apartada do mundo nervoso da terra, são qualidades da urbe para quem a vislumbra das alturas. Imaterial, envolta por uma aura que seduz, ou repele, é a paisagem vista do céu. Destroços do bombardeio, monumentos, belezas naturais, desertos comporiam características da cidade como se a diferença ilustrasse a identidade, ou a alma do lugar. Paraíso, ou inferno, o organismo composto por imagens identificáveis possibilitaria à urbe ter uma alma qualificável para o observador. Percebida do alto, o olhar localiza o bairro arborizado, a favela, o centro, ruínas, florestas, avenidas, o subúrbio, como se cada parte do organismo urbano representasse uma função, ou disfunção, da paisagem da metrópole.

Para certos arquitetos, turistas e aeronautas, zonas perigosas, áreas violentas, condomínios do morar próspero são claramente identificadas através da luz do Rio de Janeiro visto do alto. Do posto do qual vislumbram a urbe carioca a história é imperceptível, se esvai, ou é desprezada como inútil; talvez a dos monumentos, das edificações grandiosas, dos nomes das ruas dos prefeitos inovadores, dos marechais, seja a única história apreciada. Do alto, no lugar dos embates miúdos do cotidiano, que desenham e redesenharam incansavelmente margens e fronteiras da cidade, vislumbram assertivas morais a contar feitos do passado, como se o outrora estivesse morto. À semelhança dos espaços sagrados, perenes e imateriais, a história como trama de criações e destruições incansáveis de ideias, sonhos, projetos marcados no corpo do citadino, é ausente da paisagem aérea. A carne do tempo, tensa e pulsante, é preterida.

Do olhar acima da terra, cada parte vislumbrada anuncia mensagens de compaixão ao morador vulnerável, lamúrias, júbilos, temor e uma peculiar moral edificante. A cidade civiliza, afirma a sentença proferida nas nuvens. Barbárie e Civilização apresentam-se delimitadas por límpidas e sólidas fronteiras. O olhar nas alturas encontrará o alimento da alma na natureza luxuriante, localizará o lugar do morar onde reina a prosperidade, assim como as cidadelas dos pobres, nas quais o terror nasce e se propaga para o resto da cidade. Segurança, medo, felicidade, patriotismo comporiam, entre outras palavras, a legenda da imagem da urbe sagrada. Imagem que toma partido[2] ao revelar a verdade inquestionável da paisagem, como se fosse um regalo divino, uma dádiva da razão, ou o seu equívoco. Imagem que ao tomar partido evita ao olhar o incômodo do estranho, da agonia, do assombro. Cidade e observador alienam-se, à semelhança de um deus voyeur a vislumbrar o universo. Olho, corpo e pedra apartam-se como se fossem mundos incompatíveis sem a mesma atmosfera. Próxima das nuvens a alma da cidade reluz na geografia dos entes imateriais ao anunciar os claros limites do paraíso e do inferno.

No solo o sagrado é profanado. Convoca a quem o observa imiscuir-se, a se contagiar com os imprevisíveis acontecimentos do dia a dia. Concluída a viagem aérea a cartografia[3] religiosa perde a nitidez. Modula-

2. O uso da imagem que toma partido é inspirado nas análises de Didi-Huberman no livro *Quando as Imagens tomam Posição* (2017), obra na qual Huberman analisa sentidos singulares da imagem na obra de Bertolt Brecht. O autor utiliza uma importante distinção entre imagens que tomam partido das imagens que tomam posição, distinção fundamental para a argumentação política do presente ensaio.

3. Michel de Certeau no ensaio "Naval e carcerário" discorre sobre a estreita articulação entre mobilidade e subjetividade produzida pela viagem na cabine de um trem: "A máquina, primeiro motor, é o deus solitário de

ções de luz e sombra inconstantes, nuances de cores, impedirão incompatibilidades contrastantes entre claro e escuro, esplendor e treva. No chão finda a serenidade e o conforto do vislumbre da paisagem silenciosa, límpida e inodora. Pedras das edificações, fibras oculares, vísceras de um suposto observador perdem funções costumeiras quando a urbe se desvencilha do sagrado. Abaixo das nuvens a harmonia é desfeita, a diferença estorva ao recusar o amansamento do díspar. Belezas, ou atos de terror peculiares, turvam o olhar de quem anseie reencontrar a previsibilidade da ideia contumaz. Bordas, margens, horizontes tornam-se irreconhecíveis ao intento do reconhecimento. No solo a cidade fere, toca, ao responder o olhar de quem a contempla à semelhança de qualquer coisa viva. Resposta incômoda, violenta para determinados modos de olhar cidades, ou mundos, porque solicita "recompor a imaginação de outras relações possíveis na própria imanência dessa realidade [...] fazer aparecer toda coisa como estranha, como estrangeira, depois tirar disso um campo de possibilidades inauditas".[VI] Na imanência a urbe estorva a lassidão do corpo e do pensamento. O conforto da esperança, do reencontro com imagens familiares será negado. Pele e vísceras são desalojadas da geografia, da arquitetura que afirma a cidade como o mero assentamento.

onde sai toda a ação [...]. No mundo móvel da estação, a máquina agora parada, parece de repente monumental e quase incongruente por sua inércia de ídolo mudo. Deus desmanchado" (CERTEAU, 1998, p. 196-197).

Pele e vísceras são conclamadas a desenhar políticas de afetos inauditos quando a possibilidade de um ato de terror afirme a fratura abjeta entre corpo e cidade.

Na terra, a alma da cidade é convertida em artefato produzido por autores anônimos, ou não. Utilizam materiais extraídos do mundo, como sonhos, utopias, sentimentos e poderes de inúmeras intensidades. Artesanato árduo, confeccionado por desejos, projetos estéticos e éticos discrepantes, a visibilidade da paisagem área não consegue apreender o intricado tear das suas linhas. Opaca seria a tecelagem onde a paz não encontra morada, assim como qualquer sinal de eternidade de uma ideia, ou de um sonho. No chão, o terror deslocado das formas e lugares costumeiros multiplica-se em formas inusitadas; a beleza também. A estética da urbe profanada é plena de estranhamentos nada apaziguadores. Na terra a cidade lateja, furta-se a ser a obra concluída, assinada; esquiva-se de ratificar o incontroverso conceito do habitar. Margens e bordas pulsam, fedem, conversam, emudecem, movem-se na denúncia da cartografia que ignora a força desacomodadora dos lugares. "A força com que uma estrada no campo se nos impõe é muito diferente, consoante ela seja percorrida a pé ou sobrevoada de aeroplano", adverte Walter Benjamin.[VII] A pé tropeços, quedas, mudanças de perspectivas, interferências do relevo, a presença de outros corpos incitarão a falência da arrogância do olhar. Fracassa os limites da visibilidade. Afirma-se o assombro da empiria.[4] No solo o cotidiano de uma cidade torna inútil o protagonismo da consciência do observador, do Sujeito, da instrumentalização do mapa. Para Maurice Blanchot, o fracasso desses protagonismos aludiria ao cotidiano da urbe profanada: "o cotidiano inesgotável, irrecusável e sempre inacabado e sempre escapando às formas ou às estruturas".[VIII] Inacabamento incansável, que se aproxima da aposta metodológica de Walter Benjamin sobre a cidade do mundo da imanência:

*Somente quem anda pela estrada experimenta algo de seu domínio e de como, daquela mesma região que, para o que voa, é apenas a planície desenrolada, ela faz sair, a seu comando, a cada uma de suas voltas, distâncias, belvederes, clareiras, perspectivas, assim como o chamado do comandante faz sair soldados de uma fila.*[IX]

Chamado promissor para a recusa da sacralização da cidade, na qual as teias do terror do Estado se efetivam. O filósofo berlinense propõe no aforismo *Alemão bebe cerveja alemã* a imagem do nascimento do nazismo no enfileiramento de homens subjugados ao destino

4. Sobre a empiria em Benjamin, Claudia Castro afirma: "a teoria do conhecimento de Benjamin é antes, [...] uma crítica do conhecimento como abstração, mas que não desiste da busca incessante da verdade enquanto dimensão suprassensível, inteligível, que, no seu caso, só se faz como um mergulho incessante na experiência fenomenal, sensível, material. Eis o empirismo delicado que caracteriza o procedimento filosófico benjaminiano" (CASTRO, C. *A alquimia da crítica. Benjamin e "As Afinidades eletivas" de Goethe*. Rio de Janeiro: Paz e Terra, 2011. p. 26).

da nação;[5] citadinos a olhar para frente à espera do futuro onde encontrarão a prosperidade prometida pelo progresso. A alma alemã, pura e pujante, os insuflaria nesta esperança. O chamado para o desmanche da fila, à semelhança do andar a pé na cidade, almejaria criar a conflitiva tensão entre perspectivas do olhar. O desmanche incita incertezas, provoca a criação de desvios para outros espaços e tempos, assim como a chance do estranhamento do coletivo de uma única alma. A dissolução do enfileiramento produz a emergência da tensão insolúvel do encontro com a radical presença da alteridade; a radicalidade do acontecimento inesperado cujo tempo e o espaço coloquem em questão verdades que alicercem um mito, ou o mito que obscurece a lógica da produção de verdades. Fora da fila, horizontes, modelos perdem a proteção de um leme, de uma bússola, da alma coletiva.

Na cidade explorada do chão, cores, aromas, sons esquivam-se do universo sagrado pacificado. No solo "cada ruela adota cores e cada palavra tem por eco um grito de batalha".[X] Batalha não exclusiva de uma peleja, de um enfrentamento com o adversário, mas também realizada no corpo, dissolvendo-o das amarras do

5. Segundo Walter Benjamin: "O povo está obcecado por um ódio frenético contra a vida intelectual, um ódio que descobriu na contagem dos corpos a garantia da destruição dessa vida. Onde quer que lho permitam, eles alinham-se em fila e caminham a passo de marcha ao encontro do fogo cerrado e da alta dos preços. O seu horizonte é o das costas do que vai à sua frente, e todos se sentem muito orgulhosos por constituírem um exemplo para o que vem atrás" (BENJAMIN, 2004, p. 28).

coletivo que o encarcera na servidão de um destino. Corpo, cidade, palavra e memória, no campo de batalha, recusam a autonomia dos seus limites. Entrelaçam-se na fatigante criação de sentidos possíveis, quando falta o ar, ou quando o terror se faz presente. No esgotamento do embate o corpo se estilhaça ao destruir verdades da predestinação. Esgotado, o corpo em pedaços como um caleidoscópio, recusa ser suporte único de um embate, e se torna muitos, irreconhecível, anônimo, comum, e afirma-se como superfície de um nós díspar, contingente, transitório, a evitar a imobilidade de uma verdade.

*Quem alguma vez subiu sozinho a uma montanha, chegou ao topo esgotado, e depois inicia a descida com passos que abalam todo o seu corpo, sentiu que o tempo se desagrega, as paredes divisórias no seu interior desabam e ele caminha por entre o cascalho dos instantes como num sonho. Por vezes, tenta parar e não consegue. Quem sabe que coisa o abala, se os pensamentos ou o caminho difícil? O seu corpo transformou-se num caleidoscópio que a cada passo lhe mostra figuras mutantes da verdade.*[XI]

Um grito de batalha foi sufocado na madrugada do bairro da zona oeste do Rio de Janeiro. Palavras e gestos foram interrompidos antes do nascer do sol. Do céu algo lançava sobre as ruelas coloridas os desígnios do sagrado, como se no solo habitasse o inferno. Histórias foram interrompidas, gritos de batalha foram sufocados, e as casas de cores diversas ganharam uma única cor, esmaecida como um corpo servil que não aguenta mais gritar Até quando? O que era aquela coisa que voava como uma águia sedenta de medo?

## Bordados

Na Cidade de Deus algo disparado do céu transtorna o dia a dia dos seus habitantes. Encontra-se entre as nuvens o autor de tal façanha. No solo fumaça, ruídos, berros, silêncio. Moradores perplexos constatam que perderam a proteção do telhado de suas casas, dos deuses, das paredes, da fé, do teto ou de qualquer coisa que possa serenar o amanhecer assustador que precede a ida a algum lugar. Do céu a Cidade de Deus é atingida implacavelmente. Crianças não sabem para onde ir, agitam-se, desesperam-se, desconhecem qualquer coisa que possa serenar o amanhecer assustador que precede a ida a escola. Os braços estendidos paralisam o gesto no amanhecer assustador que precede o abraço. Mulheres não sabem para onde andar dentro de casa, correm para o quarto, voltam para a cozinha no amanhecer assustador que precede a feitura do café. A agonia noturna se intensifica no amanhecer assustador que precede a esperança dele estar vivo. Velhos param de mastigar o pão, giram com dificuldade pela sala, caminham sem saber para onde ir no amanhecer assustador que precede a ida a feira. Estilhaços do vidro do porta-retrato com a foto do filho morto pela polícia cintilam sobre a prateleira, no amanhecer assustador que precede a fúria amorosa da memória. Aromas do perfume e do suor no quarto, do resto da cerveja quente na sala, do sabonete no banheiro, da cera no assoalho dissipam-se no amanhecer assustador que precede histórias exaladas da festa. A anágua bordada de *richelieu* deixada de molho no tanque resseca de medo, no amanhecer assustador que precede o chamamento dos tambores que ainda restam. Homens e mulheres abrem os olhos, despertam ainda cansados no amanhecer assustador que precede a ida ao trabalho. A parede do terreiro cravejada de balas silencia no amanhecer assustador que precede o grito furioso dos deuses ornados pelo bordado de *richelieu*. O cheiro de alho queimado invade a casa no amanhecer assustador que precede a feitura do refogado para a marmita do almoço. Vasilhas, copos, brinquedos, pratos, jarras tremem sobre o armário no amanhecer assustador que precede a queda. A saia estampada no varal perfurada por algo metálico perde a vida no amanhecer assustador que precede a dança no terreiro onde os deuses dançam e contam histórias. O aceno de todos os dias no portão é interrompido no amanhecer assustador que precede a resposta de alguém que parte. A estampa colorida no pano de prato empalidece no amanhecer assustador que precede a cobertura das empadas presenteadas pela vizinha. O som no rádio é abafado no amanhecer assustador que precede a audição da música do sertão que ficou para trás. O vaso com a Espada de São Jorge vigilante na entrada da casa fracassa no amanhecer assustador que precede a proteção da casa. A fumaça da geladeira invade a rua após a perfuração no amanhecer assustador que precede a festa do aniversário da moradora. O lençol amarrotado emudece no amanhecer assustador que precede o dizer que alguém ali sonhou e despertou. A mão trêmula congela o gesto no amanhecer assustador que precede a abertura da janela para deixar entrar o ar. O salto brusco da cama do desempregado o deixa tonto no amanhecer assustador que precede a insônia de vários dias. Jovens, crianças, idosos, moradores de várias gerações vibram o corpo, retesam os músculos no amanhecer assustador que precede prováveis epifanias, repetições, surpresas, tédios, milagres laicos do dia a dia na Cidade de Deus. Gatos, cachorros, porcos, cabritos, aves agitam-se, emitem sons de medo no amanhecer assustador que precede o cotidiano dos animais. A pipa colorida esmaece suas cores de pavor no amanhecer que precede movimentos de alegria soprados pelo vento. Os olhos arregalados, a boca escancarada, os músculos da face paralisam por alguns segundos no amanhecer assustador que precede o grito.

Frases repetidas, gestos repetidos, dias repetidos no corpo, nos objetos, na terra, assim como no céu.

No bairro da zona oeste chamado Cidade de Deus o espanto e a reflexão desencadeada por histórias do antigo Egito foram eliminados pela coisa que voa e mata: "É por isso que esta história do antigo Egito ainda consegue despertar em nós espanto e reflexão. É como as sementes que ficaram durante milênios hermeticamente fechadas nas câmeras funerárias das pirâmides e conservaram até hoje o poder de germinar".[XII] Histórias inacabadas do passado, entrelaçadas às de hoje, são impedidas de germinar. O tempo para o terrorismo do Estado é outro, nada germinaria à espera de uma coautoria. Para este tempo, nas câmeras funerárias faltaria ar para a chama da palavra acesa pelos perigos do agora. Histórias entrelaçadas, à semelhança de linhas de um bordado, são interrompidas. O fascismo não tolera o entrelaçamento de linhas de uma renda. Bordados criados por materiais de tempos díspares disponíveis para um uso qualquer, para qualquer um, para qualquer espaço, são intoleráveis. Qual o poder de um grito no campo de batalha?

## Águias

Logradores inspirados no Antigo Testamento são profanados. Rua Moisés, Travessa Gênesis, Rua Salomão, Travessa Canaã, Praça da Bíblia, Rua Israel, Rua Jessé não conseguem apartar o bairro das tramas do mundo dos homens de carne e osso. A política de remoção da antiga favela carioca[6] desconhece a imprevisibilidade do terror e das belezas miúdas do dia a dia assustador que precede o amanhecer ocasionado pela da coisa que cospe fogo do céu. Algo chamado Águia na Cidade de Deus do Rio de Janeiro perpassa as nuvens. A coisa assemelha-se a uma ave, a uma máquina, a uma ideia.[7] O que é isso?

**6.** "A Cidade de Deus, também chamada pela abreviatura CDD pelos moradores, é um bairro da Zona Oeste do Rio. Originariamente, deveria ser um conjunto habitacional. Fazia parte de um planejamento do governo do Estado da Guanabara que, na década de 1960, buscava um modelo para o Programa Habitacional. Coube à Companhia de Habitação Popular do Estado da Guanabara (COHAB-GB) a incumbência da concepção e da realização do projeto urbanístico inovador, solicitado pelo então governador Carlos Lacerda e financiado pelo Banco Nacional da Habitação (BNH). A intenção era construir núcleos habitacionais de interesse social para abrigar famílias sem teto, em especial as originárias de áreas selecionadas para a desocupação organizada da Zona Sul do Rio de Janeiro – primordialmente seis favelas: Praia do Pinto (Leblon), Parque da Gávea, Ilha das Dragas (Lagoa), Parque do Leblon, Catacumba (Lagoa) e Rocinha". Disponível em http://www.multirio.rj.gov.br/index.php/leia/reportagen-artigos/reportagens/586-cidade-de-deus-o-bairro-que-virou-filme.

**7.** O Estado do Rio de Janeiro foi o primeiro do Brasil a contar com uma unidade equipada com helicópteros para desempenhar missões policiais. Essa atividade iniciou com a Assessoria Aeropolicial, inaugurada em 1971. O helicóptero Águia é chamado de Caveirão do Ar. "Um tiroteio na Cidade de Deus assustou moradores na manhã desta quinta-feira (21). Dois helicópteros da Polícia Civil sobrevoaram a comunidade desde cedo. Moradores dizem que tiros foram disparados da aeronave em direção ao local. Fotos em redes sociais mostram o chão da comunidade com marcas de tiros no chão. Uma moradora contou que a casa de uma vizinha foi atingida. 'A geladeira dela levou um monte de tiro. Ela disse que pensou que a geladeira dela estava pegando fogo de tanta fumaça. A casa dela está toda furada. Os caras metralharam ali atrás, não queriam nem saber de nada, eles saíram dando tiro, helicóptero dando tiro', contou. Em ima-

A águia nesta escrita é o pássaro escolhido por sobrevoar o dia a dia de uma favela do Rio de Janeiro.[8] A ave é utilizada como alegoria, ou metáfora para se pensar o infinito do terror, e dos modos de combatê-lo. O inconclusivo do cotidiano que turva limites precisos do tempo e do espaço de um ato. O infinito avesso a conclusões, o que se afirma quando a urbe se desvencilha da aura do sagrado no "campo de batalha"; profanação constatada na pulsação dos seus paradoxos, na dissolução do peso do sempre igual, do nada a fazer. O infinito feito e refeito na negação de um autor, de um modelo, de uma ideia.

A águia esquiva-se de ser um ornamento da palavra. A metáfora usada desvencilha-se do caráter simbólico à espreita da significação verdadeira. Pretende provocar deslocamentos, multiplicar sentidos ao inquirir a imobilidade do significado estável. O pássaro escolhido propõe ao leitor se deslocar do local confortável, onde palavras como fascismo, terror, poder são localizadas ao aludirem a precisão do tempo e do espaço dos seus significados. A águia sugere outros es-

gens, é possível ver tiros que atingiram uma televisão, paredes, além de muitas cápsulas no chão". Disponível em https://g1.globo.com/rj/rio-de-janeiro/noticia/2019/02/21/operacao-na-cidade-de-deus-assusta-moradores-e-tem-relatos-de-tiros-em-geladeira-tv-e-paredes.

8. O uso da imagem da águia como ferramenta analítica das relações entre subjetividade e política é utilizado no ensaio *Ética e Barbárie de um Gesto: A Fragilidade Servil da Infância* (BAPTISTA, L. A. S. In: RODRIGUES, Alexandro (Org). *Crianças em Dissidências: Narrativas Desobedientes da Infância.* Salvador: Devires, 2018.).

paços e formas de ação de um ato de terror. Inspirada em Michel de Certeau a metáfora será um meio de transporte:

*Na Atenas contemporânea, os transportes coletivos se chamam* metaphorai. *Para ir para o trabalho ou voltar para casa, toma-se uma metáfora [...] os relatos poderiam igualmente ter esse belo nome: todo dia, eles atravessam e organizam lugares; eles os selecionam e os reúnem num só conjunto; deles fazem frases e itinerários. São percursos de espaços.*[XIII]

Nas montanhas da Serra dos Órgãos, no Rio de Janeiro, encontra-se a Águia Cinzenta. Possui plumagem cinza, penacho em forma de coroa. A cor de suas penas confunde-se com as cores das rochas, local fundamental para as águias. Percebida imóvel, as poderosas garras indicam o poder deste pássaro. O voo leve e preciso da Águia Cinzenta atravessa vários bairros do Rio de Janeiro atento às prováveis presas.

A águia é um pássaro predador. Possui visão apurada para a caça. Asas longas e cauda curta possibilitam o voo em alta velocidade. Do alto, distingue qualquer ruído sobre o solo. Bicos fortes e afiados permitem arrancar grandes pedaços de carne das suas presas. A ave predadora possui vida longa. Em certo momento da vida recolhe-se para o alto de uma montanha à procura do ninho próximo das rochas. Renova-se para prosseguir sua missão rapinante. No ninho, durante cinco meses, parte do seu corpo morre, mas outra nascerá. Além da destreza, a metamorfose é a sua característica marcante. O pássaro predador bate o bico contra a rocha inúmeras vezes até quebrá-lo para que outro nasça. Renovado o bico arranca as garras, assim como as velhas penas. Transformada retorna à caça. Renovação e força acompanham a sua longa permanência no céu e na terra.

A águia invencível simbolizou o poder dos deuses e dos imperadores do passado. Na Alemanha nazista fomentou o orgulho da raça ariana. O pássaro das alturas glorificava o passado heroico dos vencedores, enaltecia o voo rumo ao futuro com a destreza dos pássaros rapinantes. Sobre a suástica encontra-se a ave da metamorfose peculiar. Águia é também a denominação de um helicóptero que percorre o Rio de Janeiro. A máquina voadora despreza a palavra, a cidade como campo de batalha. Metamorfoses, para a arma fascista, ou para o pássaro das montanhas, resumem-se na mudança das asas, das garras, do bico. Do alto, dentro da coisa que voa a fadiga do corpo que se metamorfoseia em caleidoscópio não é percebido. O seu olhar ignora o coletivo díspar que habita um corpo. Despreza um rosto, uma alma, uma cidade, uma história quando é feita de passagens, de misturas, de atravessamentos como uma agulha que fia e desfia a estampa de um bordado.

O terrorismo de Estado no Rio de Janeiro não propaga somente genocídios; produz também uma modalidade de experiência urbana disponível para todos os citadinos. Para vê-la, a iluminação sagrada da Cidade de Deus de Santo Agostinho fracassará. Da luz do sagrado a experiência que derroca os limites de um corpo, de um sujeito, de um lugar não será percebida porque "somente os olhos são ainda capazes de lançar um grito".[9] Desses olhos, histórias da favela da zona oeste seriam alinhavadas, à semelhança de um bordado, a outras regiões, territórios, pátrias, quintais. Do grito, o pulsar da cidade incita o corpo fadigado a ver o Rio de Janeiro sitiado por peculiares metamorfoses da barbárie, assim como modos possíveis para enfrentá-las. Dos olhos que gritam o assombro não paralisa qualquer gesto, não concluiria qualquer história. A transformação das águias persiste, porém o entrelaçamento das linhas de um bordado está vivo nos incansáveis e profanos atos cotidianos. •

9. Verso de René Char utilizado como epígrafe do livro de Huberman (2017).

I. SENNETT, R. *La coscienza dell'occhio. Progeto e vita sociale nelle città*. Milão: Editora Feltrinelli, 1992.

II. SENNETT, R. *La coscienza dell'occhio. Progeto e vita sociale nelle città*. Milão: Editora Feltrinelli, 1992, p. 20.

III. SENNETT, R. *La coscienza dell'occhio. Progeto e vita sociale nelle città*. Milão: Editora Feltrinelli, 1992, p. 19.

IV. BENJAMIN, W. *Obras escolhidas. Magia e técnica, arte e política*. São Paulo: Brasiliense, 1996.

V. BENJAMIN, W. *Charles Baudelaire, um lírico no auge do capitalismo*. São Paulo: Brasiliense, 1989, p. 145.

VI. DIDI-HUBERMAN, G. *Quando as imagens tomam posição. O olho da história*. Belo Horizonte: Editora UFMF, 2017, p. 67.

VII. BENJAMIN, W. Imagens de pensamento. In: BARRENTO, J. (Org). *Walter Benjamin, obras escolhidas*. Lisboa: Assírio & Alvim, 2004, p. 14.

VIII. BLANCHOT, M. *A conversa infinita. A experiência limite 2*. São Paulo: Escuta, 2007, p. 237.

IX. BENJAMIN, W. *Obras escolhidas. Rua de mão única*. São Paulo: Brasiliense, 1987, p. 16.

X. BENJAMIN, W. *Obras escolhidas. Rua de mão única*. São Paulo: Brasiliense, 1987, p. 35.

XI. BENJAMIN, W. Imagens de pensamento. In: BARRENTO, J. (Org). *Walter Benjamin, obras escolhidas*. Lisboa: Assírio & Alvim, 2004, p. 209.

XII. BENJAMIN, W. Imagens de pensamento. In: BARRENTO, J. (Org). *Walter Benjamin, obras escolhidas*. Lisboa: Assírio & Alvim, 2004, p. 258.

XIII. CERTEAU, M. *A invenção do Cotidiano. 1 Artes de fazer*. Petrópolis: Editora Vozes, 1998, p. 199.

Organização
Daniel Milagres
Laura Rosenbusch
Manuela Müller

Edição
Adriana Maciel

Produção editorial
Marina Mendes

Revisão
Vanessa Gouveia
Luiz Guilherme Fonseca

Projeto gráfico e diagramação
Eduarda de Aquino

Assistente de design
Fabiana Britto Pereira

Esta publicação foi feita
nas tipografias Noto Serif
e DINosaur e impressa em
papel Polen Soft 80g/m².
São Paulo, abril de 2021.

Numa Editora
Av. das Américas, 700
Rio de Janeiro – RJ
Cep: 22640-102
numaeditora.com

Dados Internacionais de Catalogação na Publicação (CIP) de acordo com ISBD

A939 Autoria crítica: conversas sobre a posição do autor no campo ampliado da arquitetura / organizado por Daniel Milagres, Laura Rosenbusch, Manuela Müller. - Rio de Janeiro: Numa Editora, 2020.
302 p. : il. ; 13cm × 18cm.
Inclui bibliografia.
ISBN: 978-65-87249-31-5
1. Arquitetura. 2. Práticas artísticas e arquitetônicas. 3. Arquitetura contemporânea. I. Milagres, Daniel. II. Rosenbusch, Laura. III. Müller, Manuela. IV. Título.

2021-1314 CDD 720
CDU 72

Elaborado por Odilio Hilario Moreira Junior
CRB-8/9949

Índice para catálogo sistemático:
Arquitetura 720
Arquitetura 72

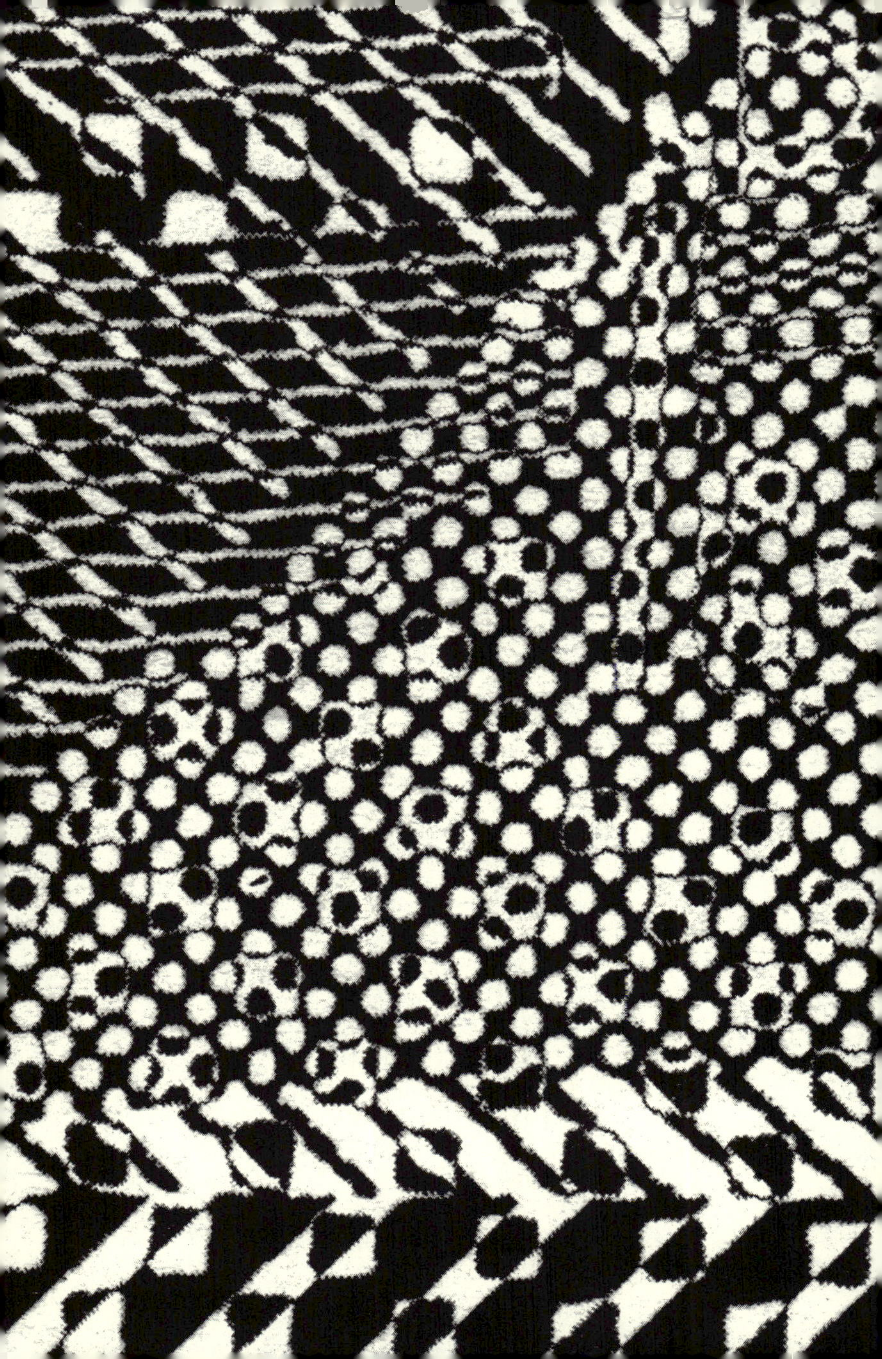

Prog. de Pós-graduação em Arquitetura da PUC-Rio
Depto. de Arquitetura e Urbanismo da PUC-Rio
Decanato do Centro de Teologia e
Ciências Humanas da PUC-Rio
Coordenação de Pós-Graduação e Pesquisa PUC-Rio
Adriana Maciel
Ana Luiza Nobre
Ângela Ferreira
Flaviana Vieira
Gregório Rosenbusch
Jane Hall
Leandro Cunha
Ligia Saramago
Luiz Camillo Osorio
Maíra Machado Martins
Marcos Favero
Maria Fernanda Lemos
Marina Piquet
Mariana Meneguetti
Mariana Vieira
Michel Masson
Mônica Cunha
Nelson Brissac
Orlando Nascimento de Almeida
Renata Dias
Vincent Catala

## Sobre os organizadores

Daniel Milagres é arquiteto, urbanista, artista, Mestre em Arquitetura pelo Programa de Pós-graduação em Arquitetura da PUC-Rio e doutorando no Programa de Pós-Graduação em Arquitetura da Universidade Federal do Rio de Janeiro.

Laura Rosenbusch é arquiteta e urbanista,Mestra em Arquitetura pelo Programa de Pós-graduação em Arquitetura da PUC-Rio e doutoranda no Programa de Pós-Graduação em História Social da Cultura da PUC-Rio.

Manuela Müller é arquiteta e urbanista, Mestra em Arquitetura pelo Programa de Pós-graduação em Arquitetura da PUC-Rio e doutoranda no Programa de Pós-Graduação em Arquitetura da Universidade do Porto.

EDITORA